2017 '작가'가 선정한

오늘의 시

2017 '작가'가 선정한

오늘의 시

작가

■ 펴내면서

  초월적 신성이나 광대무변한 자연 같은 외재적 질서에 구속되어 있던 인간이 스스로 삶의 주체임을 선언하고 실천한 것이 근대적 논리의 처음이라면, 서정시는 확실히 근대의 '저편'을 응시하고 꿈꾸는 상상적 양식임에 틀림없다. 물론 시인들은 가파르기만 한 현실을 확연히 대체하는 '다른 현실'이 아니라, 근대 너머의 꿈으로 가 닿는 대안對岸이 '시적 현실'이라고 믿는다. 이처럼 서정시는 현실과 꿈의 접점에서 형성되는 긴장과 균형 속에서 자신만의 미학과 윤리학을 추구해 간다. 그런가 하면 서정시의 중요한 원천은 삶의 결핍과 부재를 견디는 에너지에서 자연스럽게 생겨난다. 마땅히 있어야 할 것들의 선명한 결핍, 한때 분명히 실재했던 것들의 허망한 부재, 이러한 삶의 결여 형식에 대한 가장 원형적인 반응이 바로 서정시의 핵심적인 미학적 장치인 기억과 감각의 운동이기 때문일 것이다. 이러한 기억과 감각의 운동은 자연스럽게 시간을 거슬러 올라가는 상상적 모험을 마다하지 않게 되고, 그러한 경험은 세대에 따라 확연한 단층을 형성하게 된다.

  항용 하는 말에 '세대론世代論'이라는 게 있다. 그것은 또래 집단의 공통 경험이나 감각을 묶어 어떤 동질성으로 설명하는 모형이자, 다른 세대와 어떤 차이성을 부여하려는 담론적 욕망의 표현이기도 할 것이다. 지금 우리 사회에는 식민지 세대, 전쟁 세대, 4·19세대, 유신 세대, 386세대, X세대, IMF세대, 스마트폰 세대 등 다양한 시간적 단층들이 아슬아슬하게 공존하고 있다. 모두 시간의 단층으로 구별되는 가설적 구획일 뿐이다. 하지만 경험적 세대론이 전혀 무망한 것만은 아닐 것이다. 저마다의 고유한 경험과 기억이 자신만의 개성으로 살아 움직이는 '시간예술'로서의 시를 써가는 것일 테니 말이다. 이제 우리는 아직도 팽팽한 언어로 '시적 현실'을 구현해 가는 이들의 기억과 감각을 따라가면서 열린 마음으로 그들의 목소리에 귀 기울일 것이다.

2017년 『'작가'가 선정한 오늘의 시』는, 이러한 '시적 현실'을 보여주는 기능을 충실하게 감당하려고 한다. 그러한 바람을 바탕으로 하여 이 책은, 우리 시단의 다양한 풍경을 깊이 사유할 수 있는 유력한 미적 근거들을 갖춘 수많은 가편들을 수록하였다. 많은 동료들로부터 지지를 받은 시편과 시집은, 미적 완결성과 개성적 목소리를 아울러 견지함으로써, 우리 시대의 대표적인 성과로 인정받게 될 것이다.

이번 설문 조사 결과, 작년 한 해 동안 발표되었던 시편 가운데 나희덕 시인의 「종이 감옥」이 가장 많은 추천을 받았다. 그의 시편은 시인에 대한 시라고 할 수 있다. 시인을 몰라도 그의 실루엣이 보이는 시편, 보편적으로 시인이 어떤 존재인지 잘 몰라도 짐작하게 하는 시편이 아닐 수 없다. 일차적으로는 시인의 일과와 고뇌와 공간을 볼 수 있고, 더 자세히 보면 오래된 책 냄새와 책장 사이의 먼지 냄새까지도 확인할 수 있다. 원고지, 책, 문자, 언어 속의 삶을 사는 것이 바로 문학하는 이의 숙명이자 본질일 텐데 그 본질에 대한 깊은 성찰을 이 시에서 만날 수 있다.

시집으로는 송찬호 시인의 『분홍 나막신』(문학과지성사)이 선정되었다. 이번 시집에는 한 인간이 핏줄처럼 애착하는 것들이 많이 들어 있다. 내면의 핏방울들이 들어 있기 때문에 시집 제목 역시 '분홍'이 되었다. 또한 이 시집의 특징은 환상성인데, 환상성은 특히나 사랑에 관련된 작품들에 자주 등장한다. 환상적이고 아름다운 사랑의 속삭임이 들리는데 그것이 다 환상이었다니 잃은 상실감이 더욱 크게 느껴진다. 특히나 이 시집에 고루 실려 있는 시인으로서의 자기 정체성에 관한 시들을 읽으면 환상성 아래 감추어진, 문학 자체에 대한 단호한 결의를 느낄 수 있다.

앞으로 우리 시단은 시에 대한 믿음으로 2017년 이후의 풍경을 꿈꾸게 될 것이다. 지난 한 해의 시적 성과들은, 이러한 시적 과제에 확연하고도 분명한 미학적 대안을 제시하지는 못했지만, 탄탄한 미적 완결성을 두루 보여주었다고 할 수 있을 것이다. 모쪼록 이 책이 우리 시대의 이러한 과제들에 대해 유추적으로 사유할 수 있는 자료가 되기를 바란다.

2017년 2월 기획위원회

목차

■ 펴내면서

2017 오늘의 시

강형철　「자본주의」_14
고두현　「공룡 발자국」_16
고영민　「무화과」_17
고진하　「당신 발을 씻기며」_18
공광규　「율곡사」_20
곽효환　「해질 무렵」_22
김경주　「슬픔은 우리 몸에서 무슨 일을 할까?」_24
김기택　「야생」_26
김명인　「어부의 세계」_28
김보람　「내부 기지국」_30
김선태　「얼굴」_31
김성춘　「冊」_33
김영란　「마른 꽃」_35
김영찬　「불쑥 솟아오르는 still-life, 정물화」_36
김용택　「그런 날」_38
김이하　「흐린 하늘이 더부룩하여」_39
김일태　「눈독, 저 장미」_41
김종태　「샹들리에가 있는 고서점」_42
김중식　「꽃」_44
김태형　「염소와 나와 구름의 문장」_46

나희덕 「종이감옥」_48
류인서 「개종」_50
맹문재 「초두부 한 그릇」_52
문정희 「거위」_54
문태준 「불안하게 반짝이는 서리처럼」_56
민병도 「나팔꽃 시편」_57
박기섭 「믐빛」_58
박명숙 「능소」_60
박시교 「고백」_61
박찬일 「상징으로 남겨 놓으시게」_63
박현덕 「가을 능주역」_64
박형준 「실보 고메라」_66
박희정 「하얀 두절」_69
변종태 「은행나무 아래서」_70
손영희 「문산 택시 승강장에서」_72
신용목 「지나가나, 지나가지 않는」_74
신필영 「물망초 시편」_76
안희연 「고리」_78
양문규 「큰으아리」_80
엄원태 「가을의 묵서」_82

오승철 「꽃타작」_84
오종문 「한밤, 충蟲을 치다」_85
유안진 「아내에게 순종하다」_86
유재영 「이슬」_87
이규리 「일회용 봄」_88
이기철 「저 식물에게도 수요일이 온다」_90
이덕규 「그땐 좋았었지, 불타면서」_91
이명수 「12초 동안」_93
이문재 「풍등風燈」_95
이상호 「나무」_97
이숙경 「야싯골 다랑이」_99
이시영 「형제를 위하여」_101
이우걸 「시집」_102
이은규 「매핵梅核」_104
이은봉 「짐승」_106
이재무 「국화 앞에서」_108
이정환 「시스루」_110
이태수 「유리창」_112
이태순 「가시」_114
임성구 「아련함에 대한 보고서」_116
임채성 「곰소항」_118
장석남 「사랑에 대하여 말하여 주세요」_120
장석원 「장맛비를 쏟아내는 하역 노동」_122
장옥관 「검은 징소리」_124
장이지 「가파도」_126
장재선 「피에타 앞에서 우는 여자에게」_128

전기철 「으슬」_130
정끝별 「봄의 사족」_131
정용국 「눈이 몰고 온 시」_133
조승래 「가족 사진」_134
조용미 「내가 없는 거울」_135
조정인 「모과의 위치」_137
진은영 「천칭자리 위에서 스무 살이 된 예은에게」_139
차주일 「기우는 동그라미」_143
천수호 「눕듯이 서듯이 자작자작」_145
천양희 「엉뚱한 생각」_147
최동호 「난세의 춘란」_149
하재연 「검은 도미노」_150
함기석 「수학자 누Nu 16」_152
함명춘 「귀천」_155

2017 오늘의 시집

고 은 시집   『초혼』_162
길상호 시집   『우리의 죄는 야옹』_164
김민정 시집   『아름답고 쓸모없기를』_166
김혜순 시집   『피어라 돼지』_168
나태주 시집   『꽃장엄』_170
도종환 시집   『사월 바다』_172

서정춘 시집	『이슬에 사무치다』	_174
송찬호 시집	『분홍 나막신』	_176
신달자 시집	『북촌』	_178
이달균 시집	『늙은 사자』	_180
이선균 시집	『언뜻,』	_182
이승은 시집	『얼음 동백』	_184
이장욱 시집	『영원이 아니라서 가능한』	_186
이종문 시집	『아버지가 서 계시네』	_188
장철문 시집	『비유의 바깥』	_190
허 연 시집	『오십 미터』	_192
홍성란 시집	『바람의 머리카락』	_194
황동규 시집	『연옥의 봄』	_196

'오늘의 시' 기획 좌담 _ 시 기획위원
2017년 한국 시의 지형과 지향_198

나희덕 시인 인터뷰 _ 나민애
시는 보이지 않는 것을 보이게 하고
들리지 않는 것을 들리게 하는 것_228

2017 '작가'가 선정한

오늘의 시

강형철 고두현 고영민 고진하
자본주의_공룡 발자국_무화과_당신 발을 씻기며_율곡

김명인 김보람 김선태 김성춘
어부의 세계_내부 기지국_얼굴_冊_마른 꽃_불쑥 솟아

김일태 김종태 김중식 김태형
눈 독, 저 장미_샹들리에가 있는 고서점_꽃_염소와

문태준 민병도 박기섭 박명숙
불안하게 반짝이는 서리처럼_나팔꽃 시편_믐빛_능소

박희정 변종태 손영희 신용도
하얀 두절_은행나무 아래서_문산 택시 승강장에서_지나가

오승철 오종문 유안진 유재영
꽃 타작_한밤, 충蟲을 치다_아내에게 순종하다_이슬_일회용 봄

이문재 이상호 이숙경 이시영
풍 등風燈_나무_야 싯 골 다랑이_형제를

이정환 이태수 이태순 임성구
시 스루_유리창_가시_아련함에 대한 보고서_곰소항_사랑에

장이지 장재선 전기철 정끝별
가파도_피에타 앞에서 우는 여자에게_으슬_봄의 사족

진은영 차주일 천수호 천양희
천칭자리 위에서 스무 살이 된 예은에게_기우는 동그라미_눕듯이 서듯

공광규 곽효환 김경주 김기택
질 무렵_슬픔은 우리 몸에서 무슨 일을 할까?_야생

김영란 김영찬 김용택 김이하
still-life, 정물화_그런 날_흐린 하늘이 더부룩하여

나희덕 류인서 맹문재 문정희
구름의 문장_종이감옥_개종_초두부 한 그릇_거위

박시교 박찬일 박현덕 박형준
_상징으로 남겨 놓으시게_가을 능주역_실보 고매라

신필영 안희연 양문규 엄원태
지나가지 않는_물망초 시편」_고리_큰으아리_가을의 묵서

이규리 이기철 이덕규 이명수
물에게도 수요일이 온다_그땐 좋았었지_불타면서_12초 동안

이우걸 이은규 이은봉 이재무
하여_시집_매핵梅核_짐승_국화 앞에서

임채성 장석남 장석원 장옥관
말하여 주세요_장맛비를 쏟아내는 하역 노동_검은 징소리

정용국 조승래 조용미 조정인
몰고 온 시_가족사진_내가 없는 거울_모과의 위치

최동호 하재연 함기석 함명춘
작자작_엉뚱한 생각_난세의 춘란_검은 도미노_수학자 누Nu 16_귀천

자본주의
― 귀신 같은 사람

'내 것' '네 것' 구별 없이
있는 것 나누어 먹고 서로 의지하며
살아가는 개인을 보면
사람 좋다고
법 없이도 살 사람들이라며 환영하지만

개인만 그럴 것이 아니라 여러 사람이 그리 살자고
힘을 모으면

좀 더 과학적으로 집단적으로 살아보자
뜻을 세우면
그 순간 못된 이데올로기가 되는
귀신 같은 세상

제 것에 큰 손해 없을 때는
'좋은 사람'이었다가
제 것에 손해가 될 가능성이 있다 생각되면
빨갱이냐 소리치며 나타나는
귀신 같은 사람들

(시인동네 겨울)

시 작 노 트

어처구니없는 일을 당할 때 우리가 살고 있는 세상의 저 밑자리를 훑어볼 때가 있다. 그럴 때마다 견고하게 나타나는 우리들의 감옥. 1945년 이래 미군이 이 땅을 분단하면서 만든 족쇄가 아닐까 생각한다.

강 형 철 1955년 군산 출생. 1985년 《민중시》 2집으로 등단. 시집으로 『야트막한 사랑』 『도선장 불빛 아래 서 있다』 『환생』, 평론집 『시인의 길 사람의 길』 『발효의 시학』 등이 있음. '5월시' 동인. hckang55@hanmail.net

고두현

공룡 발자국

그날
뜨거운 용천혈 딛고
바다로 달리던 남녀

멈칫
손잡고 돌아보다
굳어버린 그 자세로

여태껏
지구 배꼽을 떠받치고 선
저 백악기 맨발바닥.

(시와시학 여름)

시 작 노 트

　남해안 공룡 화석에서 오래전 두 사람을 본다. 바다로 내달리다 한자리에서 굳어버린 젊은 남녀. 지금도 맨발바닥으로 그 자리를 떠받치고 있는 백악기의 족적. 아직 다 쓰지 못한 아버지의 연보, 나의 족보, 우리의 탄소연대…

고 두 현 1993년《중앙일보》신춘문예로 등단. 시집 『늦게 온 소포』 『물미해안에서 보내는 편지』 『달의 뒷면을 보다』 등이 있음. 시와시학 젊은시인상 등 수상.
kdh@hankyung.com

무화과

무화과 입구로 들어간다

한번 들어가면
영영 나올 수 없는

말벌은 죽고
꽃가루를 묻힌 어린 새끼들이
무화과 밖으로 기어나온다

뒤집힌 꽃의,

꽃의 입장이라면
둥근 열매 안이
꽃의 바깥일 터
그곳에 하늘과 여우비와 죽은 말벌이 있다

나와 늙은 개와 낮잠
잉잉거리는 어린 말벌의 새끼들은
꽃 속에 있다

(시담 2016 겨울)

고 영 민 1968년 충남 서산 출생, 2002년 《문학사상》으로 등단. 시집으로 『악어』, 『공손한 손』, 『사슴공원에서』, 『구구』 등이 있음. amond000@hanmail.net

고진하

당신 발을 씻기며

오늘은 당신 귀빠진 날,
뭘 선물할까 곰곰 생각하다가
세수 대야에 더운 물을 떠다가 당신 발을 씻기네
잠들 때를 제외하곤
이 방에서 저 방으로, 부엌에서
마당으로, 텃밭으로 끊임없이 움직이며
식구들을 살렸던
살림의 으뜸,
당신 발에 입을 맞추네.

당신 자신에게도 사랑받지 못한,
나 역시 무심했던
발의 노고勞苦를 모처럼 기억하는 시간.
발톱조차 마모되어 그 흔적만 남은
새끼발가락,
한 방울 눈물처럼 선연하네.

―어떻게 이런 신통한 생각을 했죠?
―그냥! 씻겨주고 싶었소,

발, 살림의 으뜸, 그냥

어루만져주고 싶었어.
우리 식구들 흔들리지 않게 하는 지축이잖아,
흔들리는 것이 유한한 인간의 운명이지만
당신 발은
운명 따위를 과감히 밟고 지나가곤 했잖아.

당신 자신에게도 사랑받지 못한,
나 역시 무심했던 당신 발에
물을 끼얹어 부드럽게 어루만지네.
잠들 때를 제외하곤
이 방에서 저 방으로, 부엌에서
마당으로, 텃밭으로 끊임없이 움직이며
식구들을 살렸던
사랑의 으뜸,
당신 발에 입을 맞추네.

(시로여는세상 겨울)

고 진 하 1953년 강원도 영월 출생. 1987년 《세계의 문학》으로 등단. 시집으로 『지금 남은 자들의 골짜기엔』 『프란체스코의 새들』 『우주배꼽』 『얼음수도원』 『수탉』, 산문집 『나무신부님과 누에성자』 『목사 고진하의 몸 이야기』, 동화 『꼬마예수』가 있음. 김달진 문학상 수상. 숭실대 문예창작과 겸임교수. solssi@hanmail.net

공광규

율곡사

밤나무가 많은 골짜기에 있는 절이어서
절 이름이 율곡사

오래된 절 마당가 감나무에
붉은 감이 가으내 전등을 매달고 있다

어느 해 가을
감나무와 감나무 사이

모란꽃비를 맞고 있는 반쯤 눈뜬 괘불탱화가
걸려 있던 절

초승달이 구름을 건너가며
칠성각 구절초꽃 흰 돌담을 눈감았다 떴다 내려 보던 절

절에서 보내온 햇밤을 까는데
여린 속이 앳된 스님 얼굴처럼 희다

(계간문예 겨울)

시 작 노 트

　율곡사는 산청에 있는 오래된 절이다. 비구니 스님들이 살고 있다. 스님 셋을 합하여 여섯 명이 산다고 한다. 2016년 10월이었던가. 절에서 오래된 괘불 탱화를 마당가에 있는 감나무와 감나무 사이에 걸었다. 반쯤 눈뜬 초승달이 탱화와 구절초꽃이 피어 있는 칠성각 돌담과 탱화를 구경하러 온 사람들을 내려다보고 있었다. 탱화를 내릴 때 나도 거들었다. 언제 또 탱화를 친견할지 알 수가 없다.

공 광 규 1986년 월간 《동서문학》 등단. 시집으로 『담장을 허물다』 등이 있음.
kkkong60@daum.net

곽효환

해질 무렵*

그림자는 조금씩 길어지고
그리움은 조금씩 짙어지는
더 이상 낮은 아니고 아직 밤도 아닌
사이의 시간
골목 가득 재잘거리던 아이들 소리 잦아들고
새들도 일제히 솟구쳐 하늘 높이 날았다가
다시금 제자리를 찾아 내려앉는
누군가는 떠나고 누군가는 돌아오는 시간
너는 멀리 말이 없고 나는
그 시간과 거리를 헤아린다
인적 끊긴 비포장도로에 붉은빛 비껴들고
털털거리며 떠난 것들이 남긴 뽀얀 먼지 속에
키 큰 느티나무 한 그루 우두커니 서 있다

*동명의 황석영 장편소설 제목에서 인용.

(서정시학 봄)

시 작 노 트

어느새 늙고 키 큰 나무를 바라보며 나는 가끔 그/녀와의 시간과 거리를 헤아린다.

이것과 저것의 사이이면서 동시에 어느 것도 아닌 그 어디쯤에서 나는.

곽효환 1967년 전주 출생. 1996년 《세계일보》에 「벽화 속의 고양이 3」을, 2002년 《시평》에 「수락산」 외 5편을 발표하며 작품활동 시작. 시집 『인디오 여인』 『지도에 없는 집』 『슬픔의 뼈대』 등이 있음. 고대신예작가상, 애지문학상, 편운문학상, 유심작품상 등 수상. 대산문화재단 재직. kwakhwan@hanmail.net

김경주

슬픔은 우리 몸에서 무슨 일을 할까?

물고기는 물을
흘러가게 하고

구름은 하늘을
흘러가게 하고

꽃은
바람을 흘러가게 한다

하지만
슬픔은
내 몸에서 무슨 일을 하는 걸까?

그 일을 오래 슬퍼하다 보니

물고기는 침을 흘리며
구름으로 흘러가고
햇볕은 살이 부서져
바람에 기대어 떠다니고

꽃은 하늘이
자신을 버리게 내버려 두었다

슬픔이 내 몸에서 하는 일은
슬픔을 지나가게 하는 일이라는 생각

자신을 지나가기 위해
슬픔은 내 몸을 잠시 빌려 산다

어린 물고기 몇 내 몸을 지나가고
구름과 하늘과 꽃이 몸을 지나갈 때마다
무언가 슬펐던 이유다

슬픔은 내 몸속에서 가장 많이 슬펐다

(현대시 3월)

시 작 노 트

 슬픔은 우리 자신이 누구인지를 상상하게 한다. 지금도 어떤 이가 나를 대신해서 슬픔을 생각하고 있을지도 모른다. 다른 사람이 나를 대신해서 내 슬픔에 대해 생각한다는 건 무엇일까? 이제 우리는 직접 자신의 집을 짓는 소박하고도 자연스러운 일에 집중하는 사람을 보기 드물다. 인간의 조건을 포기하기 않기 위해 우리가 포기하지 말아야 할 상상력이 있다면 슬픔에 대한 것일지도 모른다.

김 경 주 2003년 《서울신문》 신춘문예 등단. 시집으로 『나는 이세상에 없는 계절이다』 『기담』 『시차의 눈을 달랜다』 『고래와 수증기』가 있음. singi990@naver.com

김기택

야생

환하고 넓은 길 뒤 골목에
갈라지면서 점점 좁아지는 골목에
어둠과 틈과 엄폐물이 풍부한 곳에
고양이는 있다.

좁을수록 호기심이 일어나는 곳에
들어갈 수 없어서 더 들어가고 싶은 틈에
고양이는 있다.
막 액체가 되려는 탄력과 유연성이 있다.

웅크리면 바로 어둠이 되는 곳에
소리만 있고 몸은 없는 곳에
고양이는 있다.

단단한 바닥이 꿈틀거리는 곳에
종이박스와 비닐봉투가 솟아오르는 곳에
고양이는 있다.

작고 빠른 다리가 막 달아나려는 순간에
눈이 달린 어둠은 있다.
다리와 날개를 덮치는 발톱은 있다.

찢어진 쓰레기봉투와 악취 사이에
꿈지럭거림과 부스럭거리는 소리 사이에
겁 많은 눈 더러운 발톱은 있다.

바퀴와 도로 사이
보이지 않는 속도의 틈새를 빠져나가려다
터지고 납작해지는 곳에
고양이는 있다.

(문학과사회 여름)

시 작 노 트

  좋은 시라고, 이걸 올해의 좋은 시라고 자랑해야 하나? 올해의 좋은 시라는 걸 내밀자니 오히려 근래에 좋은 시를 못 썼다는 자책감이 든다. 갈수록 말은 많아지고 문장은 매끄러워지는데 시는 점점 줄어들고 있구나.

  김 기 택 1957년 안양 출생. 《한국일보》 신춘문예 시 부문에 「꼽추」, 「가뭄」이 당선되어 등단. 시집 『태아의 잠』 『바늘구멍 속의 폭풍』 『사무원』 『소』 『껌』 『갈라진다 갈라진다』 등이 있음. 현재 경희사이버대학교 미디어문예창작학과 교수.
samoowon@hanmail.net

김명인

어부의 세계

옆자리의 낚시꾼이 줄줄이 건져 올리는 갈치를
한 마리도 낚아내지 못하는 저 초보는
엉킨 줄을 푸느라 정작 물때까지 놓치고 만다
멀미를 견디며 낭패를 바치는 어로라면
숙련을 곁눈질해 보는 초보에겐
어질머리부터 참아내는 단련이 필요하다
포개지 않아도 저절로 겹쳐지는
풍파는 시비의 대상이 아닌 것이다
우리가 마련도 없이
제 것이 아닌 바다를 불러내지만
닦아세울 듯 조급한 너에게도
바다란 얼마나 울퉁불퉁한 일체인가
파도 위에 파도, 그 파란만장이
물밑 고기의 육성을 알아듣는
어부의 귀를 허락한다
저를 낚아주어 하나도 안 반가운 갈치 한 마리
초짜의 뱃전에 기다랗게 눕는다
펄떡거리는 갈치여, 온전해야 할 꼬리
무엇에 뜯겼는지 뒤태가 뭉툭하다
초보라 알 턱이 없겠지만 어부에겐

어부의 자부심이 칼칼한 것

(현대시학 10월)

김 명 인 1946년 경북 울진 출생. 1973년 《중앙일보》 신춘문예로 등단. 시집으로 『동두천』『머나먼 곳 스와니』『물 건너는 사람』『푸른 강아지와 놀다』『바닷가의 장례』『길은 침묵』『바다의 아코디언』『파문』『꽃차례』『여행자 나무』 등이 있음. 소월시문학상, 현대문학상, 이산문학상, 대산문학상, 목월문학상 등 수상. mikim@korea.ac.kr

김보람

내부 기지국

풍경이 되어가는 전화국을 지난다
잘 지냅니까, 그때서야 여기가 지군가
헐겁고 컴컴한 것은 끊어내는 것입니다
다 드러난 잇몸은 물렁한 소리를 낸다
낯설어요 낯선 어제의 수업시간
목까지 차올라 맺힌 그 곳이 고요해요
하늘문 바깥에는 하얀 돌멩이
이를테면 아빠는 가루로 내린다
오래된 번호를 적다 반쪽 얼굴 떠올린다

(열린시학 여름)

시 작 노 트

두려운 낯설음은 결단코 길들여지지 않았다. 막다른 골목에서 나는 곤두박질쳤다. 지나간 것들의 이미지가 자꾸만 반복되었고, 언제나 결여 속에서 무언가의 모습을 만들어냈다. 나의 아버지의 이마 위로 겨울이 지나간다.

김 보 람 2008년《중앙신인문학상》당선으로 등단. swso801001@naver.com

얼굴

가장 깊은 감정이란 폭로되고 싶지 않은 많은 수줍음을 가지고 있다.
— Charles Baudelaire

얼골이고 얼꼴인 얼굴은
얼의 형상이 내비치는 거울이라지
거기 마음의 신산고초 서린 골짝이 있고
오욕칠정까지 낱낱이 드러난 바닥이 있어
낯바닥이라지

그러므로
얼굴은 말이 없지만 가장 명료한 언어
귀를 떼어버려도 잘 들리는 청각적 이미지와
눈을 감아버려도 잘 보이는 시각적 이미지가
뒤엉켜 살고 있지

그러나 얼굴이
얼골이나 얼꼴이 아닌 경우도 있어
심해의 홍어처럼 평생토록
바닥에 납작 엎드린 채로 천형을 살면서도
뭐가 그리 좋은지 늘상 웃고 있는 이가 있어
뭐가 그리 부끄러운지 붉게 상기된 이가 있어
그래서 더욱 슬픈지도 몰라

누구일까
얼골이나 얼꼴을 완벽하게 지워버린 채
가장 깊은 감정을 마음의 골짝에 꼭꼭 숨긴 채
물 흐르듯 세월의 강을 묵묵히 건너가는
그는?

(현대문학 3월)

시 작 노 트

 사람의 얼굴은 본디 부모의 유전자를 받아 그 생김새가 결정되지만, 나중에 세상의 풍상을 만나 변형되기도 한다. 그런 의미에서 얼굴은 그 사람의 마음을 비추는 거울이자, 살아온 굴곡을 보여주는 그림이기도 하다. 하지만 모든 것이 얼굴에 드러나지는 않는다. 누구나 가장 은밀한 것은 얼굴 너머에 숨기고 있지 않은가.

김 선 태 1960년 전남 강진 출생. 1996년 《현대문학》 등단. 시집으로 『간이역』 『작은 엽서』 『동백숲에 길을 묻다』 『살구꽃이 돌아왔다』 『그늘의 깊이』 등이 있음. 영랑시문학상, 전라남도문화상 등 수상. 현재 목포대 국문과 교수.ksentae@hanmail.net

册

　책 정리를 했다. 책, 책, 책, 책 속에도 길은 보이지 않았다.
　읽지 않은 책이 읽은 책보다 압도적으로 많았다 압도적인 책들에 내 정신 얼마나 압도당했을까 너무 많은 것은 아무것도 없는 것, 먼지 낀 책갈피에서 엽서 한 장, 툭 떨어진다
　사랑하는 아버지께, 방금 니스해변에서 돌아왔습니다 붉은 달과 아름다운 노을을 보니 불현듯 아버지가 보고 싶어졌습니다 2006. 지훈 올림, 아, 열 번의 계절이 압도적으로 지나갔구나 내 것이 아닌 저 계절들, 저 헌 책들, 책, 책, 책, 들, 사방이 어둑어둑해지고 있다 아무리 찾아도 책 속에는 길은 보이지 않았다 어린 코끼리 한 마리 아직도 풀섶에서 토끼풀을 찾고 있다 책 속에 길은 없다 길은 항상 견인차처럼 멀리 있다 길은 사랑처럼 멀리서 온다 어린 코끼리 책을 베고 잠들어 있다 숨소리가 가쁘구나 어둠속에서 소쩍새가 울고 어린 코끼리 한 마리 어디론가 혼자 가고 있다 건강 잘 챙겨라 건강, 다시 책 정리를 한다 붉은 달이 서서히 꺼지고 사방이 금세 어둑어둑해지고 있다.

(시와사상 가을)

시 작 노 트

책들이 늘 쌓인다. 버려지는 책들, 아깝다. 버린다.
가지런한 책들이 머리도 가지런하게 한다. 책을 정리하다 아이가 보낸 엽서를 본다
망설임과 불확실함 속에서 보낸 시간들. 현재의 길 위에서 보낸 나의 시간들, 무엇을 말하는가. 길은 어디에 있는가. 책과 시간, 시간은 다른 사람과의 관계 속에서 저 혼자 길을 가고.

김 성 춘 1974년 제1회《심상》신인상 당선으로 등단. 시집으로『물소리 천사』『온유』등이 있음. 바움문학상, 최계락문학상, 가톨릭문학상 등 수상. kimsungchoon@hanmail.net

김영란

마른 꽃

밖에만 눈을 두는 어깨 좁은 그 여자
한 평이 될까 싶은 암 병동 침상에
눈물샘 막혀버려서 고요에 갇혀서,

그 첫 꽃 피던 날 꽃향기 날리던 날
영원한 건 없다며 영원을 꿈꿨을
되돌린 시간들 속에 젖어드는 눈시울

(정형시학 가을)

시 작 노 트

······생화를 말려서 벽에 걸어두는 걸 싫어한다. 잔인한 것 같기도 하고 꽃에 대한 모독 같기도 해서. 그런데 이상했다. 그녀에게서, 마른 꽃에게서, 향기가 풍겨왔다.

생의 마지막 순간에 신의 옷자락에라도 매달려 애걸복걸하지 않을 자신이 있는가? 미동도 없이 한 점 눈물도 없이 초연한 그녀의 모습에서 삶의 매듭을 곱게 지으려는 의지가 전해져 왔다. 마지막 향기를 기억 속에 채우고 벽에 걸리는 꽃처럼 그녀 또한 첫 꽃향기 흩날리는 기억으로 남은 이들의 가슴속에 남기를 소망해 본다.

김 영 란 《조선일보》 신춘문예 당선. 시집으로 『꽃들의 수사』가 있음. 오늘의 젊은시조 신인상 수상. puppy6571@hanmail.net

김영찬

불쑥 솟아오르는 still-life, 정물화

아직도 살아 있니?
Are you still alive in dream in a life?

어떤 사람이 아닌 내가
어떤 사람이 아니 바로 내가
배고파 정물화 속의 사과를 꺼내 먹었다

어떤 사람이 아닌 나는 목이 마르지도 않은데
어떤 사람이 아니 어떤 사람하고 매우 닮은 바로 내가
목마른 척
물을 마셔버렸다

정물화 속 꽃병의 물을!

아직도 살아 있었니, 기꺼이 still
still alive in a vase 정물화 속에는 이제 아무것도
온전하지 않다

꽃병도 꽃병의 물도 꽃과 함께 찌그러졌다

내 동공 속 들끓는 기갈 속에 터널 뚫고 지나간 곳마다

액자 밖으로는 한 발자국도
나서지 못 하고
I'm still in my still-life, 정물화 속에 불쑥불쑥
나타나야 하는 나는 치솟아 꿈틀거리는
꿈길에 시를 쓴다

(현대시학 2월)

시 작 노 트

키리코의 그림 속 키리코는 항상 부재중이다. 키리코를 만나기 위해 화폭을 찢고 난폭하게 덤벼든 적이 있다. 캔버스를 아무리 뒤져도 그 골목 어디에도 키리코의 모습은 보이지 않고 내 발가락만 액자 안에 갇혀 발버둥치는 수난을 겪었지만 아무 대응 없던 조르조 데 키리코 Giorgio de Chirico. 나는 어떤 정물화 속으로나 슬쩍 기어들어가 죽은 듯이 엉뚱한 위안을 구걸해 보는 것이다.

김 영 찬 충남 연기 출생. 2002년 계간 《문학마당》으로 작품 활동 시작. 시집으로 『불멸을 힐끗 쳐다보다』 『투투섬에 안 간 이유』 등이 있음. tammy3m@hanmail.net

김용택

그런 날

일손에 안 잡혀 서성대다가
손발이 얽히고설킨 날들이 있다

오늘은 다리 뻗고 자도 되겠다며
한숨 놓은 날도 있다.

자고 일어나 보았더니
어제와는 전혀 다른 오늘이 있다.

살다가 보면
그런 날이 또 그런 날이 된다.

(현대불교문예 가을)

김용택 1948년 전북 임실 출생. 1982년 《창작과비평》 '21인 신작시집'에 시를 발표하며 등단. 시집으로 『섬진강』 『맑은 날』 『누이야 날이 저문다』 『꽃산 가는 길』 『강 같은 세월』 『그 여자네 집』 『나무』 『그래서 당신』 『수양버들』 『속눈썹』 『키스를 원하지 않는 입술』 등이 있으며, 『그리운 것들은 산 뒤에 있다』 『오래된 마을』 『김용택의 어머니』 『김용택의 섬진강 이야기』(전8권) 『심심한 날의 오후 다섯시』 등 다수의 산문집과 『콩, 너는 죽었다』 『너 내가 그럴 줄 알았어』 등의 동시집을 출간했다. 김수영 문학상, 소월 시문학상, 윤동주상 문학대상 등 수상. yt1948@hanmail.net

흐린 하늘이 더부룩하여

흐린 하늘이 더부룩하여
느지막이 점심을 먹는다

포장된 김 하나 뜯어 옆에 놓고
입 속에서 바스락거리는 소릴 삼키며

가만 마음이 젖어드는 점심을
물 한 모금에 쓸쓸함 한 점 얹을 때

봄기운이나 쐬자고 열어놓은 창 밖에서
마늘 싹 같은 소리 올라온다

오랜만에 새소리보다 높은 아이들 소리를
옥타브 꼭대기서 듣는다

천국의 소리, 나는 들었던가
더부룩한 속이 쑥 꺼지는 그때

(문학과행동 여름)

시 작 노 트

나이를 먹어 가니 주변의 목소리도 점점 톤이 낮아진다. 가끔 어린아이들의 쇳소리 같은 날카로운 소리가 들리면 몸이 깨어나는 듯하다. 몸을 깨우는 소리, 혼을 깨우는 소리, 느릿하게 흐르던 피를 굽이치게 하는 소리, 새파란 마늘 싹 같은 소리. 소리만 들어도 안다. 아이들이 지금 무엇을 하고 있는지. 얼마나 희열에 차서 세상 속으로 그것을 퍼뜨리는지. 광화문 광장에서 중고생 아이들이 빠르게 행진하며 외치던 그 소리, 아직도 귀에 쟁쟁하다.

김 이 하 1959년 전북 진안 출생. 1989년 등단. 시집으로 『내 가슴에서 날아간 UFO』 『타박타박』 『춘정, 火』 『눈물에 금이 갔다』가 있음. yiha59@gmail.com

눈독, 저 장미

그대의 눈에
들고 싶다

독으로
스며들고 싶다

그 무엇보다 아픈
핏발이 되고 싶다

(시와시학 동인시집 9호)

시 작 노 트
내게 예고된 생의 전환기가 찾아왔다.
나는 아직 더 지독해져야 하고
더 고독해져야 하고 더 중독이 되어야 하는데
詩라는 그대를 향해
울고 싶은데 울어지지 않는 때의 그 절절함으로

김 일 태 1998년 《시와시학》으로 등단. 시집으로 『부처고기』 외 7권이 있음. 시와시학 젊은시인상, 김달진창원문학상, 창원시문화상, 경상남도문화상, 시민불교문화상 등 수상. 이원수문학관 관장, 창원세계아동문학축전조직위원장, 경남대 문화콘텐츠학과 겸임교수. kimit210@hanmail.net

샹들리에가 있는 고서점

　방금 전인가 오래 전인가 아니면 전생에서 읽은 것인가 낯익은 책 한 권으로 이끌리는 걸 막을 수 없네 눈을 닦으면 먼 곳을 바라볼 수 있고 옷을 벗으면 세상이 따뜻해지는 기억의 바벨탑으로 말을 잃은 새떼들이 사선을 그으며 날아가네 울어도 소리 없는 새들의 함성이네

　내가 태어나기 전에 죽은 자의 언어는 힘없어 보이고 나보다 늦게 태어나 나보다 먼저 죽은 자의 언어는 시큰둥하네 나의 아픈 눈은 전력을 다해 죽은 자의 어록과 살아가는 자가 써놓은 문장의 유사성을 탐색하네 환불 불가의 책들 너머로 교환된 책들이 수북하네 주인은 다리를 절며 흔들의자처럼 건들거리네

　왕년에 이곳은 주점이었네 술병에 혼을 넣어 책을 만든 연금술사의 아내는 술주정뱅이었네 말하지 못하는 앵무새의 깃털은 늙은 시인의 펜촉이 되었네 굳어버린 자모들이 쌓여 책을 이루고 해석할 수 없는 문자들이 모여 도서관을 만드는 변두리 도시에 황혼이 깃들면 삼삼오오 나까마들이 늙은 책을 배달하네

　눈도 희미해지고 기억도 감감해 오는 오후 6시, 낮과 밤의 경계에 선 거리가 호박琥珀 빛을 발하네 한쪽 눈으로 흘겨보는 벽시계에 수많은 형용사들이 가득 차오르네 초침이 자꾸 느려지네 먼지

인지 희망인지 모를 활자들이 달달한 아이스크림처럼 유리창 밖으로 녹아 흐르네 주인과 손님들이 들추다 만 활자의 폐허 위에 무지개가 잠시 드러눕네

(문학청춘 봄)

시 작 노 트

시간은 우리의 눈을 흐릿하게 한다. 시간은 우리의 마음을 동그랗게 한다. 모든 추억이 달달한 아이스크림처럼 흘러내리는 경계의 시간에서 마음속 깊은 곳에 숨겨둔 언어의 과거 속으로 들어가 봄직하다.

김 종 태 김천 출생. 1998년 《현대시학》으로 등단. 시집으로 『떠나온 것들의 밤길』 『오각의 방』이 있음. 청마문학연구상, 시와표현작품상, 문학의식작품상 수상. 현재 호서대학교 문화콘텐츠학과 교수. bludpoet@hanmail.net

김중식

꽃

사막에서는 장미 한 송이로
에버랜드 장미축제를 연다
지평선이 한 송이를 위한 꽃받침이다

사막의 해바라기는
태평양 핵잠수함의 잠망경,
수평선이 한 송이를 위한 부력浮力이다

 온몸을 가린 채 눈만 내놓은 여인의 눈빛은
 빅뱅 직전의 밀도
 터지고야 말 생화生花다

 꽃 한 송이 보고 사막 건너온 벌 한 마리
 일대일 대응으로
 일생일대의 수태受胎를 고지告知한다

(시와사람 봄)

시 작 노 트

　10대엔 스무 살 넘기지 않으리라, 20대엔 서른 살을 넘지 말자, 30대엔 마흔 살이 끝이다, 다짐했다.
　이제 쉰 살. 벽에 똥칠하더라도 한 해 더 살란다. 내년 봄꽃 한 번 더 보고 죽으리라.
　사막길 천 리 달리다 만난 꽃 한 송이. 반백 년 본 꽃 중에 제일 예쁘더라. 내년 봄 꽃이 제일 예쁘리라.

김 중 식 인천 출생. 1990년 《문학사상》으로 등단. 시집으로 『황금빛 모서리』가 있음.
uuyouu@naver.com

김태형

염소와 나와 구름의 문장

며칠 전 작은 구름 하나가 지나간 곳을 찾아가는 중입니다
풀을 뜯으러 가고 있습니다
몇 방울 비가 내린 자리에 잠시
초원이 펼쳐지겠지요
이름을 가진 길이 이곳에 있을 리 없는데도
이 언덕을 넘어가는 길이
어떤 이름으로 불리는지 물어봅니다
이름이 없는 길을
한 번 더 건너다보고서야
언덕을 넘어갑니다
머리 위를 선회하다 멀찌감치 지나가는 솔개를
이곳 말로 어떻게 부르는지 또 물어봅니다
언덕 위에 잠시 앉아 있는 검독수리를
하늘과 바람과 모래를
방금 지나간 한 줄기 빗방울을
끝없이 펼쳐진 부추꽃을
밤새 지평선에서부터 저편으로
건너가고 있는 별들을
그리고 또 별이 지는 저곳을
여기서는 무엇이라 부르는지 물어봅니다
어떤 말은 발음을 따라 하지 못하고
개울처럼 흘러가는 소리만을 들어도 괜찮지만
이곳에 없는 말을

내가 아는 말 중에 이곳에만 없는 말을
그런 말을 찾고 싶었습니다
먼저 떠나는 게 무엇인지
아름다움에 병든 자를 어떻게 부르는지
그런 말을 잊을 수 있는 곳으로
그런 말이 없는 곳으로 가고 싶었습니다
뿌리까지 죄다 뜯어먹어 메마른 구름 하나가
내 뒤를 멀찍이 떨어져 따라오고 있습니다
지나온 길을 나는 이미 잊었습니다
누군가 당신인 듯 뒤에서 이름을 부른다면
암갈색 눈을 가진 염소가 언덕을 넘어가고 있을 것입니다

(시와사상 겨울)

시 작 노 트

　왜 사막이 그곳에 있는 것인지, 어찌하여 우리는 끝끝내 이별할 수밖에 없는지, 별똥별은 왜 자진하듯 한순간 떨어지고야 마는지, 노래는 무슨 이유로 검은 허공에 새파랗게 떨리는 목소리가 되어 흘러나오는 것인지, 바람은 어디에서 영혼의 안식을 얻고, 방랑자는 대체 무슨 죄를 지었던 것인지. 나는 알고 싶었다. 아름다움은 왜 그토록 슬픈 것이었는지. 어찌하여 내 눈빛은 공허할 수밖에 없는 것인지. 나는 구하고 싶었다. 지켜보고 싶었다. 가만히 그 앞에서 침묵으로 돌아가고 싶었다.

김 태 형 1992년 《현대시세계》에 시가 당선되어 작품 활동 시작. 시집 『로큰롤 헤븐』 『히말라야시다는 저의 괴로움과 마주한다』 『코끼리 주파수』 『고백이라는 장르』 등이 있음. 제4회 시와사상문학상 수상. 출판사&책방 〈청색종이〉 대표. theotherk@naver.com

나희덕

종이감옥

그러니까 여기, 누구나 불을 끄고 켤 수 있는 이 방에서, 언제든 문을 잠그고 나갈 수 있는 이 방에서, 그토록 오래 웅크리고 있었다니

묽어가는 피를 잉크로 충전하면서
책으로 가득찬 벽들과
아슬아슬하게 쌓아놓은 서류 더미들 속에서
이 책에서 저 책으로 이 의자에서 저 의자로 옮겨 다니며
종이 부스러기나 삼키며 살아왔다니

이 감옥은 안전하고 자유로워
방문객들은 감옥이라는 걸 알아차리지 못했지
간수조차 사라져버렸지 나를 유폐한 사실도 잊은 채

여기서 시는 점점 상형문자에 가까워져 간다
입안에는 말 대신 흙이 버석거리고
종이에 박힌 활자들처럼
아무래도 제 발로 걸어 나가기는 어려울 것 같다
썩어문드러지든지 말라비틀어지든지

벽돌집이 순식간에 벽돌무덤이 되는 것처럼

종이벽이 무너져내리고
잔해 속에서 발굴될 얼굴 하나

종이에서 시가 싹트길 기다리지 마라

그러니까 오늘, 이 낡은 방에서, 하루에 30분 남짓 해가 들어오는 이 방에서, 위태롭게 깜박거리는 것이 형광등만은 아니라는 걸 알게 되다니

(문학과사회 봄)

시 작 노 트

오든은 예이츠를 추모하는 시에서 "시란 어떠한 변화도 일으키지 않"지만 그러하기에 "시는 말의 계곡 속에서 살아남는다"고 노래했다. 그에 따르면 "우리가 살다가 숨을 거두는 조야한 도시"에서 "시는 하나의 사건이며 하나의 입"이다. 아무 일도 하지 않지만 말의 계곡에서 가장 오래 살아남는 말. 그런 믿음이나 위로마저 없다면 우리가 어떻게 이 낡은 종이감옥을 견딜 수 있을까. 가장 가벼우면서도 무겁고, 가장 부드러우면서도 날카로운 종이들 속에서.

나 희 덕 1966년 충남 논산 출생. 1989년 《중앙일보》 신춘문예로 등단. 시집으로 『뿌리에게』, 『그 말이 잎을 물들였다』, 『그곳이 멀지 않다』, 『어두워진다는 것』, 『사라진 손바닥』, 『야생사과』, 『말들이 돌아오는 시간』 등이 있음. 조선대학교 문예창작과 교수.
rhd66@hanmail.net

류인서

개종

  영원은 냉동우주라는 말, 신도 우주도 그 안에서는 움직임 없이 꽁꽁 얼어 멈춰버렸다는 말.
  웃는 너. 굴러다니는 네 영원을 통째 끌어다 냉동고로나 써야겠다고.

  너는 영원이 되지 못한 것들을 냉동고에 넣어둔다.
  익히다 만 곤달걀을, 꼬투리로 남은 사과를, 시들기 직전의 장미를, 심장처럼 웅크린 악어거북 새끼를, 가로수길의 거품커피를, 나비표 유기농영양제를, 곰팡이 앙금으로 만든 두텁떡을.
  내친김에 너는 네 불량한 요리사의 비린내 나는 입술도 떼어 넣는다. 희망온도를 극한에다 맞춘다. 웃는다.

  윙윙윙 저 소리, 지구의 뒤숭숭한 자전음 같구나. 잠들 수 없네 투덜대는 너.

  소리가 멈추는 순간이 온다. 퓨즈가 나간 영혼의 새벽 두 시. 너는 집을 나서 다른 우주를 보러 간다. 언덕을 옮겨 다니며 금단의 행성을 찾아낼 거야, 자전거 페달을 밟는다. 입 없는 너의 요리사도 가고 있다. 너를 앞서 천천히.

(시와사람 봄, 여름 합본)

시 작 노 트
'영원'이라는 폭력에 대한 몇몇 짧은 생각들이 있었다…

류 인 서 2001년 《시와시학》으로 등단. 시집으로 『그는 늘 왼쪽에 앉는다』 『여우』 『신호대기』 등이 있음. ryuksy@hanmail.net

초두부 한 그릇

마구간의 소 도 봉당 위의 개도 닭장의 닭들도 한 그릇

뒤란의 장독도 헛간의 지게도 멍석도 처마 아래의 시래기도 한 그릇

마당가의 짚가리도 논의 움벼도 한 그릇

밭가에서 바람을 부르는 밤나무도 복숭아나무도 호두나무도 한 그릇

앞산의 나무들도 산새들도 산짐승들도 한 그릇

정지 옆의 오동나무도 샘가의 살구나무도 논둑의 마른 풀들도 한 그릇

뒷산의 산길도 산바람도 어스름도 한 그릇

할아버지도 큰아들 큰며느리도 세 딸과 막내아들도 손자들도 한 그릇

이웃집 할머니들도 아줌마들이 끌고 온 조무래기들도 한 그릇

저녁을 맞는 초가지붕도 댓돌 위의 신발들도 가마솥의 장작불도 한 그릇

산마루를 넘고 밭고랑을 지나고 개울을 건너온 눈발들도 한 그릇

객지로 나간 자식들을 걱정하는 할머니도 한 그릇

(현대시학 12월)

시 작 노 트

할아버지와 아버지와 작은아버지와 큰고모님과 둘째고모님이 이 지상에서 나누었던 할머니의 초두부…… 눈발이 날리는 이 겨울날 저녁, 내 목젖이 뜨거워진다.

맹 문 재 1991년 《문학정신》으로 작품 활동 시작. 시집으로 『먼 길을 움직인다』『물고기에게 배우다』『책이 무거운 이유』『사과를 내밀다』『기룬 어린 양들』이 있음. 전태일문학상, 윤상원문학상, 고산문학상 받음. 현재 안양대 교수. mmunjae@hanmail.net

문정희

거위

나는 더이상 기대할 게 없는 배우인 것 같다
분장만 능하고 연기는 그대로인 채
수렁으로 천천히 가라앉고 있다

오늘 텔레비전에 나온 나를 보고
왝 왝 거위처럼 울 뻔 했다

내 몸 곳곳에 억압처럼 꿰맨 자국
뱀 같은 욕망과 흉터가
무의식의 주름 사이로
싸구려 화장품처럼 떠밀리고 있었다

구멍난 신발 속으로 스며들어 오는
차갑고 더러운 물을 숨기며
시멘트 숲속을 배회하고 있었다

나는 나에게 다 들켜버렸다
빈틈과 굴절 사이
순간순간 태어나는 고요하고 돌연한 보석은
사라진 지 오래
기교만 무성한 깃털로 상처만 과장하고 있었다

오직 황금알을 낳기 위해
녹슨 철사처럼 가는 다리로 뒤뚱거리는
나는 과식한 거위였다

(창작과비평 봄)

문 정 희 1947년 전남 보성 출생. 1969년 《월간문학》으로 등단. 시집으로 『남자를 위하여』 『오라, 거짓 사랑아』 『양귀비꽃 머리에 꽂고』 『나는 문이다』 등이 있음. 현대문학상, 소월시문학상, 정지용문학상 등 수상. poetmoon@gmail.com

문태준

불안하게 반짝이는 서리처럼

서리 내린 세계는 하얀 미사포를 쓴 채 성당을 나오는 여인 같네
나는 농담을 마른 갈잎 위에 적네, 바스락거리며 당신의 바닥에서 뒹굴도록
오늘 나는 빛에 예민하게 반짝이는 감정의 액세서리를 했네
나의 감정은 초조한 나뭇가지 끝에서 하늘의 절벽으로 쏟아지네
흥분한 분수처럼 위로 솟구치네
불안정한 기류 속을 날아가는 여객기 같네
털실로 짠 옷을 털면 나오는 먼지 같네
저 평화롭고 너그러운, 큰 생각에 잠긴 벌판 쪽으로 데려갈 수는 없나
나의 꿈은 불안하게 반짝이는 서리처럼 잠깐 섰다 사라지네

(문학사상 3월)

시 작 노 트
겨울 아침의 서리처럼, 초조하게, 일시적으로, 환영처럼, 물거품처럼, 몽상처럼 나타났다 사라지는 것들에게, 살얼음처럼 얇은 그들을 위하여.

문 태 준 1970년 경북 김천 출생. 1994년《문예중앙》신인문학상에 시 「처서處暑」외 9편이 당선되어 등단. 시집으로 『수런거리는 뒤란』『맨발』『가재미』『그늘의 발달』『먼곳』『우리들의 마지막 얼굴』등이 있음. tjpmoon@hanmail.net

나팔꽃 시편

전생 어느 피난길에 놓쳐버린 이름일까
소리쳐 다가서면 차라리 낯이 설고
피 말린 붉은 조바심, 세상의 잠을 여네

하나 둘 흩어져서 제 길 가는 시간 뒤에
몸짓만 혼자 남아 아파본 이야 모를까
저 멍든 그리움조차 저며 오는 칼날임을

상처를 가린다고 아픔마저 가려지랴
벌레소리 굽은 길가 딸꾹질로 앉았다가
짓무른 시간의 화농, 햇살 걷어 닦는 꽃

(시조21 여름)

시 작 노 트

여여한 시간 위에서 스쳐간 인연을 지워내지 않는 것은 인간이 지닌 형이상적 가치에 해당할 것이다. 물론 그것은 상상력에서 기인된다. 역사적 질곡을 거쳐 온 시대의 아침을 여는 작은 풀꽃의 몸짓 하나도 우리가 그냥 지나쳐 버리지 못하는 까닭은 거기에 생명의 질서가 있기 때문이다.

민 병 도 1976년 《한국일보》로 등단. 시집으로 『슬픔의 상류』, 『원효』, 『장국밥』 등이 있음. 한국시조시인협회, 국제시조협회 이사장. mbdo@daum.net

박기섭

믐빛*
— 백영일의 돌새김에 부쳐

돌 속에 감춘 봄을
꽃이
물어내듯

칼끝으로 받아내는
생의
믐빛이여

나무가
대팻밥 먹듯
칼밥 먹는 돌이여

*그믐 녘의 달빛. 서예가 백영일의 아호이기도 하다.

(좋은시조 여름)

시 작 노 트

내게 먹빛의 사유가 깊어진 것은 그를 만나면서부터다. '믐' 자가 들어간 말은 '그믐' 뿐이란 사실을 일러준 이도 그다. 그는 돌이 먹는 칼밥 속에 생의 믐빛을 쪼아낸다.

박 기 섭 1980년 《한국일보》 신춘문예 당선으로 등단. 시집으로 『키작은 나귀타고』 『默言集』 『비단 형겊』 『하늘에 밑줄이나 긋고』 『엮음 愁心歌』 『달의 門下』 『角北』 등이 있음. haengongdang@hanmail.net

박명숙

능소

피고 지는 꽃으로 넝쿨은 북새통인데

밧줄에서 내리거나 밧줄을 올라타려고

꽃들은 꽁무니마다 서로 물고 늘어지는데

발톱 다 빠지도록 한여름을 기어올라

마침내 방호벽 너머 턱을 내건 꽃 한 채

첫울음 길어 올리듯 뙤약볕이 자지러진다

(서정과현실 가을)

시 작 노 트

　눈이 온다. 펄펄 오다가 펑펑 온다. 펑펑펑, 소리가 없다. 나뭇가지가 떨어뜨리는 무겁고 커다란 적막들, 대책이 없는 밤이다.

박 명 숙 1993년 《중앙일보》 신춘문예 시조 당선과 1999년 《문화일보》 신춘문예 시 당선으로 등단. 시집 『은빛 소나기』 『어머니와 어머니가』 등이 있음. 중앙시조대상, 이호우·이영도시조문학상 등 수상. pms5507@paran.com

고백

오대산 월정사에 들렀던 오래 전에

팔각의 소슬한 탑 그 아래 섰을 때

불현듯 주체할 수 없는 도심盜心이 일었지

그 여러 층 가운데 한 층을 슬쩍해서

보료로 삼아서 깔고 앉아 지내왔는데

탑 위에 떠 있는 기분 그렇게 살았지

호사도 오래되면 싫증나는 이치 따라

이제 그만 제자리로 돌려주려 하는데

지금의 내 힘으로는 옮길 수가 없네

(내일을여는작가 상반기)

시 작 노 트
  사람이니까 때로 가당찮은 욕심을 부리는 것이라고 위안한다. 그러나 요즘처럼 염치를 모르는 사람들이 국정을 농단하여 세상을 벌집 쑤셔놓은 것 같은 세태를 보노라면, '욕심'과 '염치'는 사람이 버려야 할 첫번째 덕목임에 틀림없다는 생각을 하게 된다.

박 시 교 1947년 경북 봉화 출생. 1970년 《현대시학》으로 등단. 시집으로 『거울경』『가슴으로 오는 새벽』『낙화』『독작』『지상에서 가장 아름다운 이름』『아나키스트에게』가 있음. 오늘의시조문학상, 중앙시조대상, 이호우문학상, 가람문학상, 고산문학대상, 한국시조대상을 수상. sigyo@naver.com

상징으로 남겨 놓으시게

박찬일

깊이 들어서인가, 제 무게를 이기지 못하고 달이 하나 더 떴네. 깊게 들어간 것이 달인가 아니면 누구인가 달의 멱살을 잡았나 숨 막았나, 달을 자백하게 한 것. 깊게 들지 말라던 선생, 선생 말 안 듣고 누구인가 저 몸들 제 몸을 더 늘려 제 무게를 當하지 못하고 저를 토해 놓았다. 달아달아 이태백이 놓던 달아 그만 돌아가지, 이태백을 삼킨 달아 '이제' 그만 여기까지. 깊게 들어가서 안 되느니라, 선생이 말씀하신다. 제 무게를 이기지 못하고 하나의 몸 웃자란 달, 이제 기억하는 이름들 하나하나 불러, 불러 몸을 빼 보시게, 두 개의 달로 어찌 살려 그러나 아담이 이름을 부르듯이 이름 불러 상징으로만 놔두시게. 몸체를 빼 제 무게로 돌아가시게나 '달아달아 밝은 달아 이태백이 놀던 달아'

(현대시 7월)

시 작 노 트

예수가 죽음을 주목하였으며 예수 안에 있는 자는 모두 죽음을 주목하게 되었으니. 예수가 병 고치러 왔으니 예수 안에 있는 자는 모두 병을 고치는데 관심 있었으니. 인간이란 무엇인가? 죽음을 주목하는 자다. 인간이란 무엇인가? 병 고치는 데 관심 있다. 병을 고치려고 세월을 다 보낸다. 죽음을 주목하는 일로 세상을 다 보낸다.

박 찬 일 강원도 춘천 출생. 독일 카셀대학 수학. 1993년 《현대시사상》으로 작품 활동 시작. 시집으로 『화장실에서 욕하는 자들』 『나비를 보는 고통』 『나는 푸른 트럭을 탔다』, 『모자나무』 등과 시론집 『해석은 발명이다』 『사랑, 혹은 에로티즘』 『시의 위의·알레고리』와 연구서 『독일 대도시시 연구』 『시를 말하다』 『브레히트 시의 이해』 등이 있음. 유심작품상, 시와시학상 젊은시인상, 박인환문학상 등 수상. 추계예술대학교 문예창작전공 교수. nabi56@naver.com

박현덕

가을 능주역

가을볕이 대합실에
시간의 그물 던지면

보성 회천 간다는 아낙은 마냥 졸다

대봉감 너댓 개 그냥
바닥에 쏟아 버린다

철로 위 참새들이
아슬아슬 날개 펴

눈길조차 주지 않는 하늘에 금을 긋고

내 생을 지나온 회상
낮달에 걸려 있을까

벌판 같은 능주역
쉴 새 없이 바람 불고

깡마른 역사는 온몸을 뒤틀면서

지상의 어둠을 향해
따스한 불 밝힌다

(시와소금 봄)

박현덕 1967년 전남 완도 출생. 광주대 문창과, 동 대학원 졸업. 1987년 《시조문학》 천료. 1988년 《월간문학》 신인상 시조 당선. 시집 『스쿠터 언니』 『1번 국도』 『겨울 등광리』 등이 있음. 중앙시조대상, 김만중문학상, 오늘의시조문학상 등 수상.
poet67@hanmail.net

박형준

실보 고메라

　카나리아 제도의 고메라 목동들은 휘파람 언어를 사용한다고 한다. 이 휘파람 언어를 '실보 고메라'라고 한다. 페르티카라고 하는 긴 지팡이를 사용해서 옮겨 다니는 바위투성이의 깊은 협곡에서 휘파람 언어가 생겨났다고 한다. 계곡의 비탈을 이리저리 옮겨 다니는 수고를 피하기 위해 휘파람을 불어서 전언을 전달했다고 하는데, 휘파람 언어가 가장 멀리 전달된 공인 기록은 10㎞에 달한다고 한다. 한편, 카나리아 제도의 고메라 목동들은 미사 중에 성경 구절을 휘파람으로 낭송했다는데 고메라 섬의 시장 알칼데 씨는 목동들의 휘파람 성경을 견디다 못해 성당의 문을 폐쇄해 버렸다고 전해진다.

　　장대 같은 지팡이를 짚고
　　눈 먼 어린아이 하나가
　　천원만 주세요
　　손잡이도 잡지 않고
　　전철의 흔들림에 박자를 넣는다

　　꾀꼬리 울음이 구슬프다고 하는데
　　아마도 사람이 그걸 흉내내어 발성을 한다면
　　저 아이의 목소리를 두고 하는 말일까 싶다

전철이 성당이라도 되는 듯
눈먼 아이가 구걸하는 소리가
찬송 같기도 하고
성경 구절 같기도 한데
듣는 사람은 없다

우리가 모르는 낯선 땅
낯선 골짜기에서 들려오는
휘파람 언어 같다
가장 가까이에 있지만
가장 멀리 떨어져 있는 사람들에게
호소하는 기도송 같다

전철 안 사람 사이를
말발굽처럼 휘젓고 지나가는
휘파람 성경에도 끄덕없는,
아이의 흔들리는 발걸음으로는
들어갈 수 없는 사람들로 빽빽한
이 기다란 성당 문

(한국문학 가을)

시 작 노 트

사람을 기분 좋게 하는 휘파람 같은 언어가 우리 안에서 되살아나는 봄이 왔으면 좋겠다.

박 형 준 1991년 《한국일보》 신춘문예에 시가 당선되어 등단. 시집 『생각날 때마다 울었다』 『불탄 집』 등이 있음. 소월시문학상, 유심작품상 등 수상. agbai@naver.com

하얀 두절

한강이 얼었다, 그 위로 눈이 내렸다

며칠째 오도가도 못하는 아득한 두절 위로

저마다 화석이 된다, 근황을 알 수 없다

물길을 놓쳐버린, 무수한 은유들이

가양대교 아래에 고드름처럼 매달려

번외의 특보를 쓴다, 처절한 비보 같다

(시조시학 가을)

시 작 노 트
불통과 소통, 결빙과 해빙, 그 뒤에 오는 것들 위로 묵묵부답의 은유들, 처연하고 암울하다

박 희 정 2002년 《서울신문》 신춘문예로 등단. 시조집 『길은 다시 반전이다』 『들꽃사전』, 현대시조 100인선 『마냥 붉다』, 시 에세이 『우리시대 시인을 찾아서』. 중앙시조대상 신인상, 청마문학상 신인상 등 수상. misshelp@hanmail.net

변종태

은행나무 아래서

기원전의 나를 해독하는 일은
오래 살아온 동굴의 벽화를 해독하는 일
지린내 풍기는 삶의 벽에 굵은 나무 하나 그려 넣고
맨손으로 은행을 까는 일
노오란 들판에서 짐승 한 마리 떠메고 돌아오는 일
심장 따뜻한 짐승의 가죽을 벗기며
붉은 웃음으로 가족들의 안부를 묻고
일회성 삶의 지린내를 맡으며 오늘밤의 포만으로
다시 기원후의 삶을 동굴 벽에 그려 넣으며
맨손으로 은행을 까는 일은
기원전 내 모습이 핏빛으로 물드는 일
퇴근길 은행나무 가로수 아래를 지나다가
은행을 밟은 채 버스에 올라탔을 때의 난감함
벽화에 다시 핏빛 노을이 번질 때
등 떠밀려 사냥터로 나가는 가장의 뒷모습
지린 은행처럼 창밖에는 사냥감 한 마리 보이지 않고
기원전의 생을 기억하는 일은 다시
맨손으로 익은 은행을 주무르는 일
화석이 된 가장의 일과를 동굴 벽에 그려 넣으며
어제의 포만을 기억하는 가족들의 흐뭇한 얼굴을 추억하는 일
은행나무 아래를 조심스레 걸어서 만원버스를 타는 일

기원전 내 생의 벽화가 희미해가는 일
은행나무 아래서 기원후의 나를 추억하는 일

(시인수첩 가을)

시 작 노 트
　내가 세상을 알기도 전에 세상을 등진 아버지를 대신하여 3남 7녀의 장남으로, 장손으로 견뎌왔다. 한 번도 할아버지인 적 없는 이기적인 아버지와 처음부터 어머니인 어머니. 이 부조화 틈에서 부조리처럼 살아, 저무는 벤치에 나란히 앉은 적도 없고, 어깨를 걸고 길은 걸은 적도 없는 그가 가끔씩 내게로 온다.

변 종 태 1990년부터 《다층》으로 작품 활동 시작. 시집 『멕시코 행 열차는 어디서 타지』『니체와 함께 간 선술집에서』『안티를 위하여』『미친 닭을 위한 변명』이 있음. 계간문예 다층 편집주간.bjt0623@empas.com

문산 택시 승강장에서

손영희

소읍 한 귀퉁이 그들의 왕국이 있다

음담과 패설이 충직한 주민이다

차부의 재떨이처럼 삼삼오오 엉켜서

어쩌다 바람 불면 떠밀리듯 사라졌다

어느새 돌아와 꼬리 물고 정박하는 섬

폭염은 고지서처럼 사정없이 달려들고

좀처럼 열리지 않는 은행을 국경으로

미스 양 스쿠터가 소나기처럼 훅 지나는

저 소읍 한 귀퉁이에 그들의 내일이 있다

(시와소금 가을)

시 작 노 트

  소읍의 풍경은 단조로우면서도 삶의 단면들을 적나라하게 보여준다. 경운기를 몰고 은행 일을 보러 오시는 아저씨, 버스 정류장에 옹기종기 모여앉아 수다를 떠는 푸성귀 보따리들, 차양이 쳐 있는 차부 앞을 지날 땐 나도 모르게 발걸음이 빨라지기도 하는 도시도 아닌, 시골도 아닌 이곳이 나는 좋다.

손 영 희 2003년 《매일신문》, 《열린시학》으로 등단. 시집으로 『불룩한 의자』 『소금박물관』, 선집 『지독한 안부』가 있음. 오늘의시조시인상, 이영도시조문학상 신인상, 경남시조문학상 수상. chealsu9@hanmail.net

신용목

지나가나, 지나가지 않는

이 시간이면 모든 그림자들이 뚜벅뚜벅 동쪽으로 걸어가 한꺼번에 떨어져 죽습니다. 아름다운 광경이죠. 그것을 보고 있으면, 우리 몸에서 끝없이 천사들이 달려나와 지상의 빛 아래서 살해되고 있는 것은 아닌지 묻게 됩니다. 나의 시선과 나의 목소리와 거리의 쇼윈도에도 끝없이 나타나는 그들 말입니다.

오랫동안 생각했죠. 깜빡일 때마다 눈에서 잘려나간 시선이 바람에 돌돌 말리며 풍경 너머로 사라지는 것을 보거나, 검은 소떼를 끌고 돌아오는 내 그림자를 맞이하는 밤의 창가에서…… 목소리는 또 어떻구요. 투명한 나뭇잎처럼 바스라져 흩날리는 목소리에게도 내세가 있을까? 아, 메아리라면, 그들에게도 구원이 있겠지요.

갑자기 쇼윈도에 불이 들어올 때,

마네킹은 꼭 언젠가 살아 있었을 것만 같습니다. 아니, 끝없이 살해되고 있는지도 모르죠. 밤새 사랑했지만,

아침이 오고 또 하루가 저뭅니다. 이 시간이면 서서히 어두워지다가 갑자기 환해지는 거리에서 태어났던 것들이 태어나고 죽었던 것들이 죽는 것을 보곤 합니다. 그러나 내가 기다리고 있는 것은 아닙니다. 다시, 한꺼번에 깜깜해지는 거리처럼, 사랑하는 순

간에 태어난 천사에게만 윤회가 허락될 리는 없으니까요.

(창작과비평 가을)

시 작 노 트
  먼 길이었노라고 땀을 닦다 보면 출발한 그 자리에 주저앉아 있곤 했다. 출발하지도 않고 도착해 버린 삶이 매일이었다. 그렇다면 이 피곤은 무엇일까? 어떤 인생은 한번 살아보지도 않고 이미 죽어버린 것일 수도 있다.

신 용 목 2000년 《작가세계》 신인상으로 등단. 시집으로 『그 바람을 다 걸어야 한다』 『바람의 백만번째 어금니』 『아무 날의 도시』가 있음. 97889788@daum.net

신필영

물망초 시편

1.
군번이 돌아왔다, 녹슨 시간 육십년이
뼈아픈 맨몸으로 지워지다 남은 몇 획
다 늙은 유복자를 보러 눈 못 감고 돌아왔다

목젖 아래 묻어둔 채 울음으로 부른 이름
백마고지 참호에서 잃어버린 한 사람을
이토록, 잊지 말라고 이름표로 돌아왔다

2.
두레밥상만 한 마을 한 녘으로 앉혀두고
결 고운 은모래를 조리질로 일어내며
아침이 세상모르고 송사리떼 불러오는

공사 중 물길 따라 발자국 찍으면서
아직은 흰목물떼새 봄을 물어 나르고
햇살이 물장구치며 건너가는 내성천

(시조시학 가을호)

시 작 노 트
살아가면서 절대 잊지 말아야 할 것을 쉽게 잊고 사는 경우가 많다.
　지금의 내 삶을 가능케 한 많은 사람들의 보이지 않는 노고와 숭고한 희생이나, 풀 한 포기 강물 한 자락의 끝없는 보살핌을 얼마나 기억하며 살까.
　우리는 우리의 생명이 너무 많은 것에 신세 지며 부담 주면서 얻어지는 선물인 줄을 배은망덕하게도 잊는 때가 많다.

신 필 영 1983년《한국일보》로 등단. 시조집으로 『달빛 출력』『둥근 집』등이 있음. 이호우시조문학상등 수상. pil0703@naver.com

안희연

고리

이 방엔 나와 모래시계뿐이다

나는 그것을 뒤집고
다시 뒤집는 일을 한다

머릿속이 우유로 가득찬 느낌
슬픔으로 눈앞이 흐려질 때마다

삶이 정말
이것뿐일 리는 없다는 생각을 하게 된다

그렇지만 이 방은 복종에 적합하게 설계되었고
그의 목소리는 끈질기게 들려온다
그는 내 눈동자가 비어 있기를 원한다
작동을 멈추어서는 안 된다고

가만 보니 테이블은 엎드린 사람 같다
모두들 버티고 있다

끊어낼 수 있어야 사랑이 아닐까
내일은 오지 않는 동안에만 내일이라는 것을 알지만
정답 같은 세계를 움직일 불의 고리*가 되는 일
몸을 태워 부르는 노래들

이런 나의 생각을 읽은 것인지
그가 또다시 일을 도모하고 있다

그가 나의 발목에 체인을 감고 있지만
꿈이겠지

눈을 떠도
안대를 벗어도
불을 켜도

여전히 캄캄하다

* 환대평양 지진대.

(현대문학 7월)

시 작 노 트

  시는 어둡게 끝이 났고 현실은 더욱 암담하다. 그럼에도 나는 여전히 믿는다. 때로는 보잘 것 없는 '시'가 정답 같은 세계에 균열을 낼 수 있으리라고. 다른 무엇이 아닌, '시'만이 할 수 있는 몫이 있을 거라고.

안 희 연 2012년 《창작과비평》으로 등단. 시집으로 『너의 슬픔이 끼어들 때』가 있음.
elliott1979@hanmail.net

양문규

큰으아리

타박타박 천태산을 내려오다 큰소리를 만났어요

그 소리는 스스로 꽃이라 말하지 않았지만
으아리, 어떤 말보다 단아한 죽비

내가 세상에 첫발 내디뎠을 때
당신을 보지 않았어도

열엿새 달빛만큼 동그랗던 관음觀音
천년 은행나무 그늘 아래에서 들었지요

거북바위와 고라니와 산방과 배나무집을 두고 떠나는 발소리
첩첩 가시가 빽빽이 박혀 있지만

저녁노을 안고 더 붉은 아침 해 걸려 있듯이
뽀얀 입술 속에 제 집이 들어 있어요

설령 흔적 없이 사라진 무늬라 해도
그 뿌리는 나무그늘보다 한참 더 깊은 걸요

삐끗해 어긋난 발목 주무르며 땅끝을 향해

으아리, 거기 그렁저렁 내가 살아요

꽃보다 하얀 당신의 마음

(불교문예 여름)

시 작 노 트
　살다 보면 여러 가지 곤궁에 처할 때가 많다. 길을 잃고 헤맬 때도 그렇지만 집을 잃었을 때의 심사는 참으로 암담하다. 그때 울음을 스스로 감싸 안으며 '으아리' 죽비 같은 한 말씀 들었다. "꽃보다 하얀 당신의 마음" 끼끗하다.

양 문 규 충북 영동 출생. 1989년 《한국문학》으로 작품 활동 시작. 시집 『벙어리 연가』 『영국사에는 범종이 없다』 『집으로 가는 길』 『식량주의자』 등이 있음. 계간 『시에』, 반년간지 『시에티카』 발행인. 천태산 은행나무를 사랑하는 사람들 대표.
ymoonku@hanmail.net

엄원태

가을의 묵서

> 늘 걷던 길이 햇빛 때문에 달라 보이는 시간, 봄볕에 발을 헛디딥니다 햇빛 때문에 새소리 물소리 바람소리가 달라지다니요 꽃과 나무와 마음을 변화시키는 봄볕에 하릴없이 연편누독만 더합니다
> ― 조용미, 「봄의 묵서」

이 몸뚱이의 고독에 대해서라면 몇 마디 적을 게 있습니다 이십육 년간의 고독, 팔뚝에 부풀어가던 주삿바늘 자국들의 고독, 혈관을 빠져나와 기계 속을 돌고 돌아 다시 몸으로 돌아오던 피의 고독, 그걸 한참 지켜보며 무심해지던 눈길의 고독, 하루걸러 하루씩의 고독, 천천히 망가져 가는 손가락뼈들의 고독, 고관절 석회성 건염의 고독, 사타구니 물혹과 겨드랑이 혈종의 고독을

한 걸음 내디뎠던 백척간두 끝 허공을 기억합니다 저곳은 어쩌면 그 아득함의 다른 이름일지도 모르겠군요 오늘 다시 이곳에 기적처럼 발붙입니다 코발트빛 공중에 높새바람 드높은데, 한참이나 아래, 지난 폭염 묵묵히 견딘 나뭇잎들은 조금씩 시들어가겠지요 천천히 죽어가는 것들이 한 죽음의 공공연한 모독을 오래 지켜보는 가을입니다 슬픔만 부쩍부쩍 제 키를 키워가는 날들이고요

벽이란 벽은 다 덮어버릴 듯 맹렬하던 담쟁이들도 이제 와서 제 마음을 들킨 듯 얼굴 붉힙니다 이제 막 먼 길 나선 어린 담쟁이가 먼저 진홍빛입니다 붉은 꽃들 다녀간 자리엔 단풍 든 낙엽들만 쓸

쓸히 뒹굴다 어디론가 가버리겠지요 마음이란 것도 그 실체는 물질이 아닐까 두렵다고 하셨던가요, 이즈음엔 천지간에 마음이랄 게 따로 없는 듯합니다 아아, 이 몸도 달라지고 있는 가을입니다

태풍의 뒷모습을 먼 동쪽 하늘에서 문득 보았지요 저녁놀 각별한 요즘입니다 자주 내린 가을비는 숲의 거미줄 다 망가뜨렸고, 물방울들만 하염없이 거기 매달렸습니다 그새 햇빛은 기울기보다 방향을 바꾸기로 맘먹었나 봅니다 하릴없는 연편누독은 계절이 바뀐다고 쉬이 변하진 않겠지요 그 봄날에서 우리는 단 한 발자국도 떠나오지 못했습니다 그대도 부디, 마음 때문에 몸을 소홀히 하지 않기를 바랍니다

(현대시학 11월)

시 작 노 트

지금 다시 보니,「봄의 묵서」를 쓴 시인에게 얻어 쓴 게 너무 많다, 싶다. 하지만, 그 마음에 기댄 게 비할 바 없이 더 많고 클 것이다. 이 빚 역시, 다만 마음 하나로 갚을밖에.

엄 원 태 1990년《문학과사회》로 등단. 시집으로『침엽수림에서』『소음에 대한 보고』『물방울 무덤』『먼 우레처럼 다시 올 것이다』등이 있음. candooo@hanmail.net

오승철

꽃타작

봄바람이 났는지 어머니 안 계시다
도둑고양이처럼 이 집 저 집 기웃대다
경로당 타작 소리에
응수하듯 터진 벚꽃

점당 십 원짜리 그 판도 판이라서
무슨 영문인지
비닐봉지 쓰셨다
선이 또 헷갈릴까 봐
두건 쓰듯 쓰셨단다

봄바람이 났는지 어머니 안 계시다
피박 한 번 썼다 치고
봉분 한 번 쓰셨나
연둣빛 타는 꿩소리, 이승이야 화투 한 모

(시조시학 가을)

시 작 노 트
봄바람이 났는지 어머니 안 계시다
꽃타작 소리 없이 피는 고향 벚꽃 무슨 소용이랴.

오 승 철 1981년 《동아일보》 신춘문예 당선으로 등단. 시조집 『터무니 있다』 등이 있음. osc3849@empal.com

한밤, 충蟲을 치다

오종문

강자가 한 수 위다 본때를 보여주리라
불쾌한 동거 끝낼 며칠 벼른 특공작전
일촉즉발
일대 변란이
한 호흡에 달려 있다

섶 지고 불 속에 든 덫에 걸린 어린 바퀴
불 켜자 펼쳐내는 필살기의 저 경공술
그물망
매복을 뚫고
시야 밖에 진을 친다

비장의 마지막 수 어떤 간계 쓸 것인가
생물인 현실의 벽 도모 위해 힘 겨루다
열댓 평
천하를 놓고
한밤 내내 충을 치다

(좋은시조 봄)

오 종 문 1959년 광주 출생. 1986년 사화집 『지금 그리고 여기』로 작품 활동 시작. 시조집으로 『오월은 섹스를 한다』 외, 저서 『이야기 고사성어(전 3권)』 등이 있음. 2009년 중앙시조대상 수상. ibook99@paran.com

유안진

아내에게 순종하다

하느님은 부모니까 용서하시지만
아내는 절대로 용서하지 않느니
기회다 싶으면 두고두고 되새기며
부풀려서 보복한다

나 아담이 하느님을 배반하면서까지
아내가 시키는 대로 선악과善惡果를 따먹은
바로 그 까닭이라
덕분에 가정은 지켜 해로偕老할 수 있었느니(창세 3 : 3~24)

그러므로 모름지기 아내에게 순종하라
사는 일 대부분이 평탄하리니.

(시와반시 겨울)

유 안 진 1965년 《현대문학》으로 등단. 시집 16권, 시선집 등이 있음. anjyoo@hanmail.net

유재영

이슬

풀잎 사이로
달팽이 여린 뿔대가
하늘을 받들고 있다

아침이면 방아깨비
오색점줄무늬나비가 발을 적시러 오는 곳,

(문학선 겨울)

시 작 노 트
시인의 사랑이 어찌 여인뿐이겠는가.
이 땅에 살아가는 가장 작은 것, 가장 여리고 아픈 것 그런 것들도
두루 어여삐 챙기는 일 또한 시인의 사랑 아니겠는가.

유 재 영 충남 천안 출생. 1973년 시 박목월, 시조 이태극 추천으로 문단에 나옴. 시집으로 『한 방울의 피』 『지상의 중심이 되어』 『고욤꽃 떨어지는 소리』 『와온의 저녁』, 시조집 『햇빛시간』 『절반의 고요』 『느티나무 비명 碑銘』, 4인집 『네 사람의 얼굴』 『네 사람의 노래』 등이 있음. dhsbook@hanmail.net

일회용 봄

아물 때까지만 너의 이야기

일회용 밴드를 떼자 치사한 어제가 감쪽같이 사라졌다

이기적인 상처

자세가 좀 바뀌었지만
제자리로 돌아온 셈이다
쓸쓸하단 말은 자유롭다는 말로 대신하기에 좋았다

ㅎㅎ
고무풍선을 불 때도 뭐 우린 놓치는 걸 포함하니까

— 어디서 다시 만나더라도 네가 날 피하지 말았으면 좋겠어,

그 말은 밴드를 붙였다 떼는 일처럼 가볍게 들렸다
이기적인 밴드

그래도 나는 계속 피할 것이므로

밴드 이후는 비교적 조용했다
우린 불행을 더 잘 믿었고

돌이켜보면 할말이 많았던 때가, 제일 슬펐던 때였다

아무렇지도 않게 몇 개의 그늘이 저물며 지나가고
어떤 경우라도 잘 피할 수 있을 것 같았다

진물로 꾸덕꾸덕해진 모서리가 몇 차례 피부를 그었던 기억도
피해 갔다

그때마다 밴드가 덮어주었으므로
너는 너를 보지 못했을 것이다

차창으로 온 4월의 눈발처럼
미움도 야위어 가는 날

죽었던 봄이, 일회용 봄이 저기 또

(웹진 시인광장 4월)

시 작 노 트
보이거나 보이지 않거나 상처를 덮는 일에 일회용 밴드는 쓸모 있다. 가끔 마음을 꺼내 알록달록한 밴드를 발라준다. 밴드를 붙이고 있는 동안 모든 너는 달아나라. 달아나라. 휘몰아치는 눈보라, 거기 누가 다치겠느냐.

이 규 리 1994년 《현대시학》으로 등단, 시집으로 『앤디 워홀의 생각』『뒷모습』『최선은 그런 것이에요』 등이 있음. kyureelee@hanmail.net

이기철

저 식물에게도 수요일이 온다

서로 먼저 오려고 다투다가
수요일은 화요일 다음에 온다
은종이 같은 수요일이 오면
나뭇가지마다 쌀알 같은 꽃이 핀다
수요일은 이 땅이 처음이어서 길 잃지나 않을까
이파리마다 햇빛 발자국을 찍어놓는다
파랑새 나는데 왜 꽃잎이 떨어지나
흰나비 나는데 왜 하늘이 출렁이나
땅에는 반지꽃이 색종이처럼 피고
이별도 모르면서 식물들은 온종일 파란 손을 흔든다
나, 너, 우리, 그 사이가 세상 한복판이다
식물들에게 수요일이 먼저 오면
인간의 마을에도 수요일이 따라온다

(문학사상 12월)

이 기 철 1972년 《현대문학》으로 등단. 시집으로 『청산행』『내가 만난 사람은 모두 아름다웠다』 등 다수. 김수영문학상 등 수상. 영남대 명예교수. *poet3943@hanmail.net*

이덕규

그땐 좋았었지, 불타면서

아주 추운 밤이었지
황량한 벌판 한가운데서 꺼져가는
불씨 위로 나는 팔뚝을 하나 던져 넣고
당신은 다리 한 짝을 던져 넣었지

돌아갈 곳도 없고 땔감도 떨어져 없던
그때 이내 나머지 다리 한 짝과
팔 한 짝도 던져 넣었지
당신에게 건너갈 다리도 없이
당신을 만져볼 손도 없이

활활 타오르는 불꽃을 사이에 두고
우리는 그저 바라만 보다가
그래도 춥다, 마지막으로 남은 몸마저
동시에 불길 속에 던져 넣었지

마음이 추워 몸을 태우던 그때
우리는 좋았지, 좋았었지 하나의
불꽃이 되어 불타면서
불타면서 그 캄캄한 벌판을 밝혀 건넜지

(시와반시 겨울)

시 작 노 트

　세상은 늘 추웠다. 땔감도 돈도 없었다. 냉골 찬 자취방은 밖과 온도가 거의 같았다. 그곳에서 혼자의 체온으로 밤새 이불깃을 녹였다. 어쩌다 사람 체온을 만날 때면 그 찬 방은 금세 따뜻해졌다. 어둠과 추위는 우리를 재 한 줌 남김없이 감쪽같이 태워버리는 법을 가르쳐 주었다. 가끔씩 캄캄한 겨울 벌판 한가운데서 아름다운 불꽃이 피어올랐다.

이 덕 규 《현대시학》으로 등단, 시집 『다국적 구름공장 안을 엿보다』『밥그릇 경전』『놈이었습니다』 등이 있음. cloudfactory@hanmail.net

12초 동안

이명수

몇 줄 글을 읽고 있는 12초 동안
사람 40명과 개미 7억 마리가
지구에서 태어나고

내가 한 줄 시에 매달려 있는 12초 동안
30명의 사람과 5억 마리의 개미가
지구에서 사라진다

부화장 컨베이어벨트에서 걸러지고
가스실에서 질식한 다음
자동절단기 속으로 떨어지는 12초 동안

개미와 병아리와 몇몇 글이
다음 컨베이어벨트에서 돌아가고 있는 12초 동안
지구 한 모퉁이에서 한 줄 시가
잠깐 스쳐 지나간다

개미와 병아리와 사람이
살고 있는 곳에서
아무것도 없는 것에 대하여
썼다 지운다

(문학선 가을)

시 작 노 트

새삼 '시간'의 문제를 생각합니다. 오래된 사원 입구 돌계단에 앉아 2천년이란 시간의 흔적을, 찰라와 영겁, 이승과 저승, 여기와 저기를 생각합니다. 걷고 또 걸으며 참 멀리 왔다는 생각을 하며 돌아갈 길, 지도에도 없는 그 길을 생각합니다.

이 명 수 1975년 《심상》으로 등단. 시집 『공한지』 『울기 좋은 곳을 안다』 『바람코지에 두고 간다』 등이 있음. 한국시인협회상 수상. lms4528@hanmail.net

풍등風燈

저것은 연이다.
연실 없는 연
자기 몸을 태우는 불꽃을
연실로 만드는 저것은 연
불의 연이다.

저것은 바람이다.
제 몸을 태워
스스로 바람을 일으키는
제 몸을 덥혀 스스로 가벼워지는
저것은 소신공양이다.

저것은 별
지상에서 올라가는
마음이 올려보내는
마음의 별이다.
마음으로부터 가장 멀어질수록
마음이 환해지는 별이다.

저것은 소진이다.
자기 몸을 다 태워야

가장 높이 날아오르는
가장 높이 날아올라
자기 몸을 불살라버리는
저것은 가장 높은 자진이다.
승화다.

아침이슬이
유난히 차고 맑은 까닭이다.

(시로여는세상 봄)

시 작 노 트

몇 해 전 여름, 전북 무주에 가서 보았다. 반딧불이축제의 일환으로 밤에 풍등을 날렸다. 그동안 매체를 통해 접하다가 실제로 띄워 보니 풍등이란 이름은 적절치 않았다. 풍등은 바람을 필요로 하지만, 연처럼 바람만 있다고 해서 날아오르는 것은 아니다. 자기 안에 불이 있어야 한다. 자기 안의 뜨거움으로 공기를 덥히는 열기구였다. 그래서 소신공양처럼 보였다. 하늘로 올라가지만, 언젠가 지상으로 떨어질 풍등의 끝까지 한눈에 다 보였다.

이 문 재 1959년 경기도 김포 출생. 경희대 국어국문학과 졸업. 1982년 《시운동》으로 등단. 시집으로 『내 젖은 구두 벗어 해에게 보여줄 때』『산책시편』『마음의 오지』등이 있고, 산문집으로 『내가 만난 시와 시인』이 있음. 김달진문학상, 시와시학 젊은 시인상, 소월시문학상, 노작문학상 등 수상. slownslow@naver.com

나무

나무는 나무라고 우기지 않는데
나는 나무가 나무라고
나직이 우기는 듯하네.

나무가 너무 자랐나?
내 맘이 너무 나갔나?

나무가 나를 나무라네
나무가 나무라고 우기는 게 아니라
나무라서 나무이려고 나무다워지는 것을
나무라고 우기는 양 바라보는
나의 사람다운 생각을 나무라네

나무 아래 서면 이제
나무는 아무 말 안 해도
나무가 나무라는 것처럼 들으며
나긋나긋 작아지기 시작하는 나

나무가 아니면서도 나무처럼
날마다 하늘 높이 쭉쭉 뻗어오르고 싶어
날마다 시들지 않는 성장통에 시달리던 내가

나무가 나무라는 것처럼 듣는 나이에 이르러

나의 키는 조금씩 줄어들어 땅으로 향하네
나무를 나무로 보는 속눈이 조금씩 열리네

(시로여는세상 여름)

이 상 호 1954년 경북 상주 출생. 1982년 월간 《심상》 신인상으로 등단. 시집 『금환식』 『그림자도 버리고』 『시간의 자궁 속』 『그리운 아버지』 『웅덩이를 파다』 『아니에요 아버지』 『휘발성』 『마른장마』 등이 있음. 대한민국문학상, 편운문학상, 한국시문학상 등 수상. 한양대 한국언어문학과 교수. shlee2368@hanmail.net

이숙경

야싯골 다랑이

찔레꽃 취한 밤바다 눈감고 달려들어

물너울 몸 섞은 자리 그려 놓은 폐곡선

지상에 내려온 별빛 밤새도록 머문다

넌지시 두고 간 호리병 같은 뱃속 부레

논배미 거슬러 와 두둑이 차오르면

개구리 들레는 소리 무르익는 오월 달밤

윗배미 아랫배미 땅뙈기에 누빈 정

따뜻한 피돌기로 겹겹이 감싸고돌아

오래전 외진 가슴에 물때처럼 드나든다

(시조시학 봄)

시 작 노 트

찔레꽃 내음 지천으로 피어나는 오월. 무르익은 곡조를 뽑아대는 개구리 소리가 물고기들이 빼놓고 간 부레 같은 무논에 그렁그렁하다. 네 것 내 것 나누기 좋아하는 사람의 경계가 일시에 무너진다. 몸 구석구석을 돌고 있는 피돌기가 더욱 완만해지는 이 즈음. 외진 가슴 넘나드는 물때에 금방이라도 휩쓸려 갈 것 같다. 야싯골은 그렇게 묵은 때를 씻고 근원에 머물게 한다.

이 숙 경 2002년 《매일신문》 신춘문예로 등단. 시조집 『파두』『흰 비탈』과 시론집 『시 스루의 시』가 있음. soojiya65@hanmail.net

형제를 위하여

"성님 계신가요?" 우멍한 목소리가 마당에 들어서면 벌써 당숙이었다. "종제인가?" 하고 놋재털이에 담뱃재 탕탕 털고 반갑게 사랑문 여는 소리가 들리면 아버지였다. 둘은 이렇게 아침부터 저녁까지 문안인사를 함께 나누는 형제보다 더 친한 사촌이었다. 아버지 돌아가시고 난 후 어느 여름밤 평상에 앉아 내 손을 잡고 "느그 아버지, 아니 내 형님으로 말할 것 같으면, 내가 여순 때 산사람 살 때 나 살리려고 탄원서 내다 순천형무소까지 가셨다" 하면서 더 이상 말을 잇지 못하고 흐느끼던 당숙도 얼마 뒤 저세상으로 훌쩍 건너가 아버지와 골짜기 하나를 사이로 묻혔다. 그러나 마을사람들 말에 의하면 요즘도 어둑새벽이면 뒷산에서 두런거리는 소리가 안골까지 들려올 때가 있다고 한다. "어 종제인가?" "성님 그간 별고 없으시고요?" 그리고 긴 대나무 달린 물 팽이를 하나씩 나눠 들고 나란히 앞들을 둘러본 뒤 돌아가신다고 한다.

(창작과비평 봄)

이 시 영 1949년 전남 구례 출생. 1969년 《중앙일보》 신춘문예로 등단. 시집 『만월』 외 다수가 있음. roadwalker1@hanmail.net

이우걸

시집

시집이란 한 시인의 울음이 사는 집이다
슬프게 울거나 기쁘게 울거나
우리는 그 울음 소릴 노래처럼 읽곤 하지만.

가슴에 품어보면 한없이 정겹고
떼어놓고 바라보면 어쩐지 짠해 오는
불면의 밤이 두고간
아, 뜨거운 문장들

(시와표현 9월)

시 작 노 트

한 권의 시집을 낼 때마다 후회가 쌓인다.
전셋집에 살면서도 꼭 시집을 내야 하나?
1977년 첫시집을 낼 때 나는 이런 착잡한 감정으로 시집을 냈다.
지금은 그런 감정이 덜하지만 후회가 적지 않다. 무언가 가슴 가득 전해지는 보람같은 게 부족하다는 뜻이다. 그러나 한편 생각하면 나는 이 작업 때문에 이름 석 자를 걸 수 있었다
그러니 생활 이 구석 저 구석에서 느꼈던 후회나 슬픔을 시화한 시집을 정겹고 사랑스러워하면서도 울음 같아서 울음집으로 불러보는 것이다.

이 우 걸 1946 경남 창녕 출생. 1973년 《현대시학》으로 등단. 시집으로 『지금은 누군가 와서』, 『빈 배에 앉아』, 『저녁 이미지』, 『아직도 거기 있다』 등과 평론집으로 『현대시조의 쟁점』 『우수의 지평』 『젊은 시조문학 개성 읽기』가 있음. 중앙시조대상, 가람시조문학상 이호우시조문학상, 김상옥시조문학상 등 수상. leewg1215@hanmail.net

이은규

매핵梅核

지난봄을 다 걷지도 못했는데
이 가을 잘못 날아든 매화 소식은
꽃 이야기입니까, 기억 이야기입니까

모든 편지는 수신인에게 도착함을 기억하자
꽃가루 희미하게 묻어 있는 안부와
맴돌다 목에 걸린, 매실 씨앗처럼 단단한 이름

말씀드립니다
이는 매핵기梅核氣라는 증상
칠정으로 마음이 상해
목에 매실 씨앗이 걸린 듯 느껴지지요
뱉으려 하면 할수록
삼키려 하면 할수록
잊으려 하면 할수록 통증을 더할 뿐입니다

지난봄 꽃놀이에 체한 것 같습니다만
해독을 위해 매실즙을 음용하시고
깨끗한 마음을 갖도록 노력하십시오, 꽃말과 같이

포기하지 않고 사랑할 수 없는 역설처럼

침묵은 불편을, 말은 우스움을 불러오고
지난봄보다 말보다 미련보다
목에 걸린 그 무엇을 마음이라 부르지 말자

저기 밤의 웅덩이에서 누군가 중얼거린다
매화 송이 같은 흰 등을 밝혀 오라 했더니
몹쓸 매화 씨앗만 얻어왔구나
쓰면 뱉고 달아도 삼킬 수 없는 이름을 기억하자
인류가 아닌 한 사람이라서 다행다정

사랑 이야기입니까, 재앙 이야기입니까
이 가을 잘못 날아든 매화 소식은
지난봄을 다 걷지도 못했는데

(포지션 가을)

시 작 노 트
지난봄을 다 걷지 못했기에, 없는 매화 향기에 기대어 계속 걷는다.

이 은 규 2008년 《동아일보》 신춘문예 시 부문 당선으로 등단, 시집으로 『다정한 호칭』
이 있음. yudite23@hanmail.net

이은봉

짐승

　먼먼 옛날 어렵게 나는 내 안의 짐승으로부터 떠났다 그때는 내 안에도 아주 쉬운, 검고 흰 짐승이 살고 있었다 싸가지 없는
　짐승은 자연, 자연은 사물, 사물은 식물, 식물은 동물, 동물은 광물……, 식물과 동물과 광물을 떠나며 나는 한 말씀 얻었다
　말씀은 神, 神은 法, 法은 理……, 그렇게 나는 오래 전 짐승을 떠나 인간이 되었다
　인간은 秩序, 秩序는 原理, 原理는 法……, 나는 늘 법을 받들며 살았다 법과 더불어 살았다
　마침내 나는 법이 되었을까 그렇지는 못했다 끝내 나는 짐승을 떠나지 못한 채 살았다 여전히 짐승과 더불어 살았다
　별안간 꿈틀꿈틀 짐승이, 식물이, 동물이, 광물이 내 안을 꽉 차오르고는 했다 자주 짐승을, 자연을, 사물을 그리워하며 살았다 밤이 되면 더욱 심했다
　사물은, 사물의 숲은 어두웠다 희고 검었다 잘 보이지 않았다 걸핏하면 충동이, 발작이, 황홀이 딱딱한 막대기를 들이밀고는 했다.

(시와표현 6월)

시 작 노 트

　인간을 생각한다. 인간이 자연이었을 때를 생각한다. 광물이고, 식물이고, 동물이었을 때를 생각한다, 짐승이었을 때를!
　인간이 되기 전의 짐승을 생각한다. 인간이 되면서 안으로 숨겨둔 짐승을 생각한다.
　인간이 되면서 갖게 된 이성을 생각한다. 인간이 되기 전의 감성과 본성(본능)을 생각한다. 근원적인 욕구를, 욕망을!
　인성과 물성이 뒤섞여 있는 인간을, 인성과 물성을 동시에 갖고 있는 인간을 생각한다. 낮과 밤이 뒤섞여 있는 인간을…….

이 은 봉 1984년 《창작과비평》에서 신작시집 『마침내 시인이여』로 등단. 시집으로 『내 몸에는 달이 살고 있다』 『길은 당나귀를 타고』 『책바위』 『첫눈 아침』 『걸레옷을 입은 구름』 등이 있음. 한성기문학상, 유심작품상, 가톨릭문학상, 질마재문학상 등 수상. 광주대학교 문예창작과 교수. lebhosim@hanmail.net

이재무

국화 앞에서

이 많은 국화 송이들은 어디에서 왔을까

봄에 우는 소쩍새와

먹구름 속의 천둥과

가을 무서리와

아무런 상관없이

공장에서 한꺼번에 부화되는 병아리같이

한 날 한 시에 태어나

생의 긴 여정을 생략한 채

매캐한 향불 연기 자욱한

명정사진 앞에 도열해 있는

순교의, 흰 모가지여, 모가지여, 모가지여

(시담 가을)

이 재 무 1958년 충남 부여 출생. 1983년《삶의문학》으로 작품 활동 시작. 시집으로 『설달 그믐』 『온다던 사람 오지 않고』 『벌초』 『몸에 피는 꽃』 『시간의 그물』 『위대한 식사』 『푸른 고집』 등이 있고, 산문집으로 『생의 변방에서』 『대표시, 대표 평론 I · II』가 있음. 난고문학상, 편운문학상, 윤동주시상 수상. poet8635@dreamwiz.com

이정환

시스루

곧장 내비칠 듯 내비치지 않는 것이
묘한 느낌으로 벼랑 끝을 달리나니,
그 깊은 골짜기는 아직 너의 것이 아니다

내비칠 듯 내비치지 않음으로 말미암아
찾아들 길 바이없는 숲으로 우거져서
미칠 듯 미치게 하는 실루엣과 같은 것

말의 묘미를 좇아 일생을 달려온 이여
숨막히는 길 앞에 곧장 기막힐지라도
끝까지 파고들지니, 꽃문 열어젖히기까지

(시조미학 봄)

시 작 노 트

감각의 더듬이를 벼리고, 사랑의 마음을 가꾸기 위해 아침마다 편지를 씁니다. 늘 이윽히 바라보는 이 있어 꼭두서니 빛 연서를 씁니다. 그럴 적마다 말의 묘미가 무궁무진한 것을 느낍니다.

종생토록 좇지 못할 거대한 성채 혹은 견고한 벽 앞에 때로 좌절할 때가 있지만, 그 좌절을 이기고 나면 늘 새로운 길이 열리곤 했지요. 그것을 그도 알기에 나에게 가끔 모란꽃 미소 짓곤 하지요.

오, 참으로 아리땁고 미쁜 이여. 또 한 송이의 영원의 불멸의 꿈의 시편이여.

이 정 환 1978년 《시조문학》 추천 완료. 1981년 《중앙일보》 신춘문예 당선. 시조집으로 『휘영청』 외 다수가 있음. 현재 오늘의시조시인회의 의장. jhwanl@hanmail.net

이태수

유리창

유리창 너머를 바라보고 있으면
새들이 날아들고 나무들이 다가선다
그러나 다가가고 날아가는 건
정작 내 마음일 따름이다

마음의 빈터에 새들을 부르고
나무들을 끌어당겨도 부질없는 일일까

유리창은 투명하고 견고한 벽이므로,
견고한 만큼 투명하고 투명한 만큼
견고한 유리창은
이쪽과 저쪽을 투명하고 견고하게
갈라놓고 말 것이 너무나 분명하므로,

하지만 오늘도 창가에 앉아
유리창 너머 풍진세상을 끌어당긴다

분할된 안팎을 아우르는 꿈에
안간힘으로 날개를 달아본다
유리창 이쪽 마음의 빈터에 나무를 심고

새들의 노랫소리도 불러모은다

(시인수첩 겨울)

시 작 노 트

 현실이 안겨 주는 비애나 아픔 너머의 세계를 지향하고 추구하지만 벽과 마주치게 마련이다. 창유리 너머 보이는 세계마저도 투명한 유리가 벽이 되어 가로막는다. 하지만 더 나은 삶에의 꿈꾸기를 멈출 수는 없다. 창유리 너머의 세계가 언제까지나 거기 그대로 있을 뿐일지라도 그 세계를 끊임없이 끌어당겨야 한다. 시는 그런 꿈꾸기이며, 더 나은 삶을 향한 길 찾기이기도 하다.

이 태 수 1974년 《현대문학》으로 등단. 시집으로 『따뜻한 적막』『침묵의 결』『침묵의 푸른 이랑』『회화나무 그늘』『이슬방울 또는 얼음꽃』『내 마음의 풍란』『그의 집은 둥글다』 등 13권과 평론집 『대구 현대시의 지형도』『여성시의 표정』 등이 있음. 대구시문화상, 동서문학상, 한국가톨릭문학상, 천상병시문학상 등 수상. tspoet@naver.com

이태순

가시

— 사람이 말이여 험한 세상 살아가려면, 가시가 있어야지 그리 물러 뭣에 쓰노

늦가을 탱자나무를 커다랗게 키웠다

내 안 깊이 돋아난 탱자나무 가시들

그 가시 다 내밀면 내가 더 아플 것 같아

가시에 내가 찔렸다 붉은 꽃이 피었다

(한국동서문학 여름)

시 작 노 트

물렁하고 부드러워야 가시도 내밀다 넣을 수 있다는 것을, 그 가시에 찔려 봐야 통증으로 꽃을 피울 수 있다는 것을, 그 꽃은 붉디붉다는 것을,

이 태 순 2005년《농민신문》신춘문예 당선. 시집으로『경건한 집』『따뜻한 혀』현대시조 100인선『북장을 지나며』가 있음. 오늘의 젊은시조시인상, 중앙시조대상 신인상 수상. teakang38@hanmail.net

임성구

아련함에 대한 보고서

두 눈을 감아야 선명하게 보입니다
남빛 고운 사람들이 젖은 강을 건넙니다
풀꽃이 강둑에 앉아 클레멘타인을 부릅니다

비바람 지나간 자리마다 물봉선이
먹구름 흘러간 자리마다 용담꽃이
아련한 쪽배에 앉아 남실남실 흔들립니다

눈감고 불러보는 이국의 오랜 노래가
검푸른 하늘바다로 노 저으며 갑니다
옥타브 높일 때마다 눈물 농도 진합니다

쉰 번째 생일을 마주하는 풀꽃아이가
못 지운 기억을 펼쳐 보고서를 씁니다
뚝뚝뚝 번져가는 글씨 해독이 불가입니다

더듬어 읽으려 하면 달아나던 그날의 달
무수한 별만 그리다 놓치고 말았습니다
지금도 달 발자국 소리가 들립니다,
어·렴·풋·이—

(시와시학 겨울)

시 작 노 트

 어렴풋이 떠오른 흑백의 시간들은 아주 깊숙이 숨어버린 숨은그림찾기 같은 것이다. 때로는 덮어두고 싶은 마음과 두 눈을 감고 어렴풋이 그려내고 싶은 마음이 함께 여울 치는 알 수 없는 세계. 일출과 일몰이 모두 흑백처럼 자라는 아련함이 무성한 세계. 그곳에서 이루어지는 내 가난한 문장들도 매우 강력한 힘을 가지기를…….

임 성 구 1994년 《현대시조》로 등단. 시집으로 『오랜 시간 골목에 서 있었다』『살구나무죽비』『앵통하다 봄』『형아』 등이 있음. jaje9@hanmail.net

임채성

곰소항

밖으로 벋기보다
속을 내준 작은 포구
해감내와 비린내가 꿰미에 걸릴 동안
느릿한 구름배 한 척
무자위에 걸려 있다

한때는 누구든지 가슴 푸른 바다였다
갈마드는 밀물 썰물 삼각파도 잠재우는
소금밭 퇴적층 위로 젓갈빛 놀이 진다

제 몸의 가시 뼈도
펄펄 뛰는 사투리도
함지에 절여놓은 천일염 같은 사람들
골 패인 시간을 따라
뭇별이 걸어온다

(시조시학 여름)

시 작 노 트

여행을 하다 보면 가슴에 남는 풍경이 있다. 웅장하고 이색적인 자연에 넋을 잃을 때도 있지만 왠지 모를 친근한 분위기에 마음이 끌릴 때도 있다. 내 고향이 남해라서 그럴까. 격포 채석강으로 가기 위해 들어선 길목에서 만난 곰소항도 그런 곳이다. 바다를 터전으로 살아가는 포구 사람들의 억센 삶과 시간을 삭여 가며 체득한 삶의 진솔한 풍경이 거기 있었던 것이다.

임채성 2008 《서울신문》 신춘문예 당선. 시조집으로 『세렝게티를 꿈꾸며』 『지 에이 피』가 있음. 오늘의시조시인상, 중앙시조신인상 등 수상. awriter@naver.com

장석남

사랑에 대하여 말하여 주세요

이 진부한 주제를 가지고 나의 시는 또 물으려 합니다
사랑에 대하여 말하여 주세요
사람의 입술에서 사람의 귀로 오는
소리로 말하여 주세요 분명한, 소리를 입은 언어로 말하여 주세요
문법은 조금 어긋나도 괜찮아요 감안해 알아들을 수 있을 거에요
허나 감미롭지는 않아야 해요
감미로움이 늘 나를 속였지요
감미로움 속에 악마가 숨어 있기 일쑤였어요

내 아흔 번째 사랑을 예로 들어보면
그녀는 불꽃이었는데 소리 나는 불꽃이었는데 탁탁 튀는 리듬이
계단을 이루다가 계단 꼭대기에서는 물오른 나뭇가지 잎사귀였
다가
다시 그 끝은 큰 구름이었어요 나는
땀을 뻘뻘 흘리면서 거기까지 올라가 커다란 물항아리로 앉지요

그녀는 작약 같은 불꽃이었는데 말의 눈 같은 불꽃이었는데 그만
그 여러 겹의 입술과 긴 눈썹의 눈을 감으면 나는 쏟아져 산산이
부서졌어요

고금의 시를 아무리 찾아보아도 또 이름 좀 있다는 이의 글을 찾

아 읽어도 헤치고 씻어 읽어도 사랑은 말로 할 수 없다고 설명하
거나 바람에게 혹은 바위에 물으라 하죠 그것으로는 이제 속을 만
큼 속았으니 사람의 말로, 감미롭지 않게 명확하게 얘기해 주세요
그러면 꽃에게 바람에게도, 바위에게도 얘기해 주겠어요
　사랑에 대해서 누군가가 처음 그리했듯이 얘기해 주세요
　찬밥이 남았으니 또 그것을 씹어 먹고 그 식후에도 물으려 해요
사랑에 대하여, 이 낡고 끈 풀린 주제에 대하여 말해 달라고

(문학수첩 겨울)

시 작 노 트

　사랑의 일은 역설적이게도 사랑의 말에 실리지 않는다. 얼마나 답답한 일인가. 인간 삶에 가장 중요한 요소가 인간의 말에 온전히 실리지 못한다는 사실이야말로 시의 필요성의 반증일 텐데……. 사랑의 이름으로 수많은 위선적 폭력이 있고 그것이 또 그 이름 아래 숨고 그러하다. 나랏일도 그렇고 개인의 일도 그러하다. 사랑이 궁금하다.

장 석 남 1987년 《경향신문》 신춘문예로 등단. 시집 『고요는 도망가지 말아라』 등이 있음. 한양여자대학 문창과 교수. sssnnnjjj@hanmail.net

장석원

장맛비를 쏟아내는 하역 노동

트럭 도착
물기 없는 원통 공간으로

밝아진다 뒤는
우아하고 앞은 경건한
오전의 우산 속

바라보는 자와 드러난 자
한 뼘만 더 갉아먹으려고 해
한 입 더 밀어넣으니 바사삭
머리털이 하얘지네 빛이 빠져나가네

빗줄기의 펀칭
창槍의 관통
맑은 눈을 횡단하는
등뼈를 타고 아래로 체계적으로
흘러내리는 땀방울 아래로

정수리부터 사타구니까지
젖어 달라붙은 것에 대해
열기 다음의 마음에 대해

뒤를 보라
몰려오는 그것
바람이 돌파한 먹구름
바다를 찢고 다가오는 상어
인쇄기계들은 철컥철컥 전진합니다

휘발한 페인트의 냄새
라임오렌지의 맛
전진 후진 지게차
셔츠를 벗게 한다
앞과 뒤가 붙어버린 종잇장이 된다

(현대시 8월)

시 작 노 트
    인쇄소에서, 쏟아지는 장맛비 속에서, 지게차를 운전하는 노동자의 숙련된 노동. 기계가 육체 같다. 비와 땀에 젖어 들러붙는 것. 엔진과 육체와 폭우의 리듬이 들썩인다. 나는 머리에 불이 붙은 심지 같다.

장 석 원 2002년 《대한매일》(현 서울신문) 신춘문예로 등단. 시집으로 『아나키스트』 『태양의 연대기』 『역진화의 시작』 『리듬』 등이 있음. paulvalery@naver.com

장옥관

검은 징소리

잠시 잠깐,
내 몸을 통과한 강력한 떨림

캄캄한, 아무도 모르는,
빛 한 점 없는, 끝도 처음도 없는,
그곳

누가 내게 기별을 보낸 건 아닐까

여치와 매미와 모기와 뱀과 자라와 버들치와 개구리와 여뀌와 한삼덩굴과 달빛과 곰팡이와
　어머니, 아버지

문 앞까지 왔다가 차갑게 떠밀려 간
얼굴 파먹힌 아이

발굽이 두 개인 동물들

무리 지어 울부짖으며 달려가는
검은 징소리의

기별

(발견 가을)

시 작 노 트

지진은 농담 같다. 지축이 어떻게 흔들린단 말인가. 이즈음 상황도 농담 같기만 하다. 이 어지러운 세상을 정색正色의 언어로 짚으려니 너무 어지럽다.

장 옥 관 경북 선산 출생. 1987년 《세계의문학》으로 등단. 시집으로 『황금 연못』『달과 뱀과 짧은 이야기』『그 겨울 나는 북벽에서 살았다』 등이 있음. og-jang@hanmail.net

장이지

가파도

낮은 하늘엔
움직이지 않는 구름.
하얀 길이 보리밭을 부둥켜안고 떼를 쓰고 있었다.

육지에서 도망쳐온 그리움은
그 길의 속까지 따라와 있었다.
선충船蟲들이 까맣게 쫓아와서는
사람의 형상을 지었다가,

뒤돌아보면
허물어지고
허물어지고 하였다.

막걸리를 몇 잔째 마시고는,
막 건져 올린 것이라며 해녀가 건넨 성게에
오히려 목이 말랐다.

론도의 길을 돌고 돌다가
남의 집 돌담 밑에 핀 수국 향기가 어지러워
바다의 한 귀퉁이를 게워내어도…….

(현대시 7월)

시 작 노 트

이 시는 학생들과 함께 가파도에 답사를 갔다가 쓴 것이다. 조금 '올드 스타일'이라 마음에 걸린다. 계산을 해서 쓴 것이어서 오히려 지금 와서 보면 좀 가증스럽다. 관광지에서 쓴 것이라 망설이다가 쓴 지 1년이 지나서야 발표를 했다. 내 시가 다 이렇지는 않다. 좀 새로운 것을 쓰려고들 해야 하고, 그런 시들이 좋은 평가를 얻어야 할 텐데 동료들에게 미안스럽게도……

장 이 지 2000년 《현대문학》 신인 추천으로 등단. 시집으로 『라플란드 우체국』 등과 평론집으로 『세계의 끝, 문학』 등이 있음. poem-k@hanmail.net

장재선

피에타 앞에서 우는 여자에게

미켈란젤로의 피에타 앞에서
네가 눈시울을 붉히더라.
나는 모른다.
검은 피부를 한 네 이름이 스텔라인지,
또는 세실라이인지 모른다.
다만 네가 우는 일이
핍박받는 자를 위해
비탄에 잠긴 마리아의 것임을
깊이 안다.
24세의 젊은이 미켈란젤로가
원죄 없으신 성모를 드러내고 싶었으니
200년 후의 네 눈물이
맑고도 맑은 비탄의 것임을
내가 어찌 모를까.
내 아들의 아들이
네 딸의 딸이
먼 훗날에도 이 세상에 남아서
비탄의 사랑을 기어이 나눌 것을
내가 어찌 모를까.

(월간문학 1월)

시 작 노 트

로마 베드로성당에서 만난 눈물이 내 속으로 스몄다. 다른 이의 눈물로 자신의 죄를 씻으려는 자는 얼마나 뻔뻔한가. 대립과 갈등이 끊이지 않는 세상에 연민을 품는 것은 또 얼마나 무모한가. 그럼에도 그 만남 덕분에 사랑이 사람과 사람을 이어가리라는 것을 믿을 수 있었다.

장 재 선 고려대학교 정외과 졸업. 《시문학》으로 등단. 저서로 『AM7이 만난 사랑의 시』 등이 있음. jeijei@munhwa.com

전기철

으슬

  이른 아침 아스피린한다 협탁을 더듬더듬, 어슬, 아슬하다 끄벅끄벅, 아스피린하다가 무지근히 아스피린한다 아침이 부서진다 파란 목소리가 꿀꺽 대롱대롱 거실에 열린다 늙은 사내의 아침이 물기침 속으로 아스피린한다 꼬부랑 목소리가 '자, 물!' 녹슨 철근인 양 휘어진다 하얀 천사들이 뽀글뽀글 날아다닌다 창밖으로 앳된 아스피린 한 알 태양인 듯 동~그마니, 지붕에서 굴러떨어진다

  파자마를 입은 행성 하나 당신 안으로 메아리진다

(문학청춘 가을)

전 기 철 1988년 《심상》으로 등단. 시집으로 『로깡땡의 일기』 등이 있음. 숭의여대 문창과 교수. jkwansan21@daum.net

봄의 사족

두 볼에서 달아나는 콩밭의 여우볕
세상 끝 정말들

뱀처럼 울었니? 꽃의 모가지를 겨냥한
뭉툭한 엄지발가락처럼

말은 발가락이 하나
소와 닭과 양과 돼지와 토끼는 둘 혹은 넷?
개와 원숭이와 호랑이와 용은 다섯

나도 어엿한 다섯
다 어디에 담아둘까?

소금 밴 눈꺼풀을 따라
성냥인 듯 불 그어볼까?
홍채 아직 붉은데

발가락은 짧은데
벌은 다리가 여섯, 그럼 발은?
뱀은 발조차 없는데

꿀이야 꽃이야 밝힌
봄 벌밭에 밟힌 밤 뱀밭

벌벌대는 내 속의 결석들
별아 네게 보여줄까?

(시외세계 봄)

정 끝 별 1988년《문학사상》신인 발굴에 시 당선. 1994년《동아일보》신춘문예 평론에 당선. 시집으로『자작나무 내 인생』『흰 책』『삼천갑자 복사빛』『와락』등이 있음. 이화여대 국문학과 교수. postellar@hanmail.net

눈이 물고 온 시

무례한 그 여름과 뻔뻔했던 가을까지
손사래로 내쳐버려 얼룩진 사초들은
흙먼지 뒤집어 쓴 채 길거리에 뒹굴었다

멋대로 꿰어 맞춰 곤죽이 된 역사책이
피멍 든 검댕이를 기신기신 끌고 와서
어머니 따순 가슴에 겨우 몸을 풀었네

가으내 볕을 받아 다소곳이 화를 풀고
싸리비로 가지런히 빗어 놓은 마당 가득
첫눈이 시를 물어다 가만 놓고 가셨다

(현대시 7월)

시 작 노 트

　일본군 장교 다카키 마사오는 일황에게 혈서로 충성을 맹세했고, 쿠테타로 집권한 후에는 장기 독재로 국가와 민족에게 많은 상처를 주었다. 그의 딸은 그것을 정당화하며 아버지의 혈흔을 없애고 공적을 역사에 올리려고 온 힘을 다해 역사 국정교과서를 마음대로 바꾸어 놓았다. 그해 여름 사초는 엄청난 고초를 겪었지만 이제 그 국정교과서는 아무도 보지 않는 애물단지가 되었다. 첫눈이 사초의 등을 가만히 덮어 주셨다. 고마운 일이다.

　정 용 국 경기 양주 출생. 2001년 계간 《시조세계》로 등단. 시집으로 『난 네가 참 좋다』 등과 시선집 『눈이 물고 온 시』가 있음. 한국작가회의 시조분과 위원장.
yong5801@daum.net

조승래

가족 사진

이레 뒤 다시 찾아가니
시들어 주름진 호박꽃이다

독사진 찍기에 너무 늦었다
하고
돌아서려다가

그 아래
야무지게 태어난 호박을 보고
그래, 그래
얼른
가족 사진을 찍어 주었다

(현대시 12월)

조 승 래 경남 함안 출생. 시집으로 『몽고조랑말』『내 생의 워낭소리』『타지 않는 점』『하오의 숲』『칭다오 잔교 위』가 있음. 현재 아노텐금산(주) 대표, 단국대 상경대학 겸임교수. chosr518@hotmail.com

내가 없는 거울

자다 깨어 거울 앞 지나다 얼핏 보니
내가 보이지 않는다
어둠속에서 잠깐 잘못 본 건가
다시 거울 앞으로 가기가 어쩐지 겁이 난다

거울 속의 나는 통증을 알지 못하여
이 시간까지 책상에 앉아 있다가
잠시 방심하고 내가 자고 있는 사이
자리를 비운 것이다

멀쩡한 몸을 감당하지 못하는 따분함도
그 아무 일 없음의 열락도 차마 모르는,
몸의 비루함을 자세히 알지 못하는
순정한 내가 저기 있다

여태 그가 보여주는 것만 보았다
누군가 아마도 약간의 죄책감을 느끼며 살고 있을
진지함을 가장한 저 세계는
지금 이 순간의 나와 가장 먼 거리에 있다

일어나 거울을 들여다보아야겠다

나와 마주치기 꺼려하는 차갑고 말이 없고 고독하고
복잡한 내가 저곳에 살고 있다

몸을 씻고 나면 늘 마주보게 되는
그 시간만은 정확하게 잊지 않고 나타난다
거울 속엔 몰래 사는 것들이 많다
내가 없는 거울을 들여다보아도 되는 걸까

(현대시학 6월)

조용미 1990년 《한길문학》으로 등단. 시집으로 『불안은 영혼을 잠식한다』 『일만 마리 물고기가 山을 날아오르다』 『삼베옷을 입은 자화상』 『나의 별서에 핀 앵두나무는』 『기억의 행성』 『나의 다른 이름들』이 있음. treepoem@hanmail.net

모과의 위치

그 윗가지 그 옆가지 그 아래가지에 문득문득 새처럼 날아 앉은 푸른 모과들

깃 치는 소리 낮게, 더 낮게 내려앉은 모과의 동쪽은 지금
스스로 벅차오르는 기쁨의 위치

사물이 지닌 기쁨의 흘수선을 파드득 치고 날아오르는 조무래기 천사
발꿈치를 좇다가 놓치고 들어온 이후

잎사귀 사이 모과는 아무 일 없었다는 듯 모과 쪽으로 얼굴을 돌려
모과만을 보여주었다 풀밭에 내려앉은 까치가 호젓한 하느님에서 훌쩍, 까치 쪽으로 건너뛴 이후처럼

선반 위의 퉁명한 모과는 어느 날 불쑥, 한 덩어리 의혹을 내밀며
갈색 반점으로 뒤덮인 살덩이 쪽으로 옮겨 앉는다

지층의 그늘을 표면으로 다 우려낸 지상의 마지막 얼굴 같은 모과는 지금
갈애를 품은 심장의 위치 또 어느 날의 모과는 요절한 시인의 초상처럼

외로 기울어 너머의 시간을 다 이해한다는 식인데

한 고요가 한 고요에게 건너오는 이 수평적 평온은 어디서 오나

온몸으로 서쪽인 모과와 함께 어떤 어슴푸레한 꿈속을 건너가는 매우 가볍고 황홀한 춤의 저물녘

빛이 싹트는 방향 멀리, 눈 쌓인 나목 그 윗가지 그 옆가지 아래 가지에
모과의 동쪽이 벌써 와 있다

(현대시학 7월)

시 작 노 트
　어느 날 산책길에 문득 눈에 띤 모과나무 한 그루. 아니, 여기 모과나무가 있었단 말이야? 모과나무는 물론, 어제도 그 먼먼 전 날에도 그 자리에 있었을 것이지만, 어느 날 불현듯 방심 가운데 있던 나의 시야를 잡아챈 것이다. 사물과의 조우가 이루어진 그 지점에서 대화는 시작된다. 시가 싹 트는 지점이다. 그렇게 나에게로 건너온 모과 한 덩이는 푸른 여름에서 눈 쌓인 겨울로 변주를 거듭하여 아름다운 소멸에 이르렀다.

조 정 인 서울 출생. 1998년 《창작과비평》으로 등단. 시집 『장미의 내용』 등과 동시집 『새가 되고 싶은 양파』가 있음. *thewoman7@naver.com*

진은영

천칭자리 위에서 스무 살이 된 예은*에게

> 슬픔은 가장 사랑스런 보석일 거요,
> 모든 사람이 그리 아름답게 슬픔을 착용한다면.
> — 셰익스피어, 『리어왕』

너와 만났다면
가을 하늘에 대해 이야기 나누었을 거야
서정주나 셰익스피어, 딜런 토마스
너와 같은 별자리에서 태어난 시인들에 대해
종이배처럼 흘러가버린 봄날의 수학여행과
친구들의 달라진 옷맵시에 대해

나뭇잎이 초록에서 주황으로 빠르게 변하는 그늘 아래
우리가 함께 있었다면
너는 가수가 되는 꿈에서 시인이 되는 꿈으로
도에서 라로, 혹은 시에서 미로
건너뛰었을지도 모르지
노래에서 노래로, 삶에서 삶으로

그것들은 서로 가까이 있으니까
누군가의 손으로 흩어졌다

그 손에 붙들려 한곳에 모여드는 카드 패들처럼

그러면 흰머리가 많이 늘어난 아빠는
네가 2학년 3반이었는지, 4반이었는지 잘 기억나지 않아
얘야 그때 네가 몇 반이었더라,
허허 웃으며 계속 되물으셨을 텐데
예은아 이쪽의 흰머리 좀 뽑아다오, 웃으셨을 텐데

너는 이제 다 커버렸는데
그때나 지금이나 우리는 똑같다
바뀐 그림 하나 없이

어린 소녀에서 어린 청년으로
아이에서 농민으로
바다에서 지하도로, 혹은 공장으로
너무 푸른 죽음의 잎들
가을인데, 떨어지지 않고 전부 붙어 있다

그렇지만 네가 사는 별,
모든 것이 제때에 지는 법을 배우는 거기에서
얘야, 너의 시인들은 여전히 아름다운 시를 쓰고 있겠지?

바람소리로 귀뚜라미의 은반지로 침묵의 소네트로

예은아 거기서도 들리니? 아빠의 목소리가
"얘들아, 어서 벗자 이건 너희들이 입기엔 너무 사이즈가 큰 슬픔이다"
예은아 거기서도 보이니?
모두에게 제대로 마른 걸 입히려고 진실의 옷을 짓는 엄마가

너와 네 친구들의 얼굴이
맑은 물 돌들 밑
은빛 물고기처럼 숨어 있다 나타난다
모두 알고 있다 안 보이지만 너희가 거기 있다는 걸

예은아, 진실과 영혼은 너무 가볍구나
거짓됨에 비해,
진실과 영혼은 너무 가볍구나
모시옷처럼
등 뒤에 돋은 날개처럼

양팔 저울의 접시에 고이는 네 눈물
너의 별 쪽으로 더 기울어지려고

광장 위 가을 하늘이 자꾸만 태어났다 쏟아진다

* 유예은은 세월호 참사로 희생된 단원고 2학년 3반 학생입니다.

(21세기문학 겨울)

시 작 노 트

> 내 딸, 예은아!!
>
> 꼭 다시 만나자!!
> 한 번만 더 안아볼수 있다면,
> 한 번만 더 떵여 볼수 있다면,
>
> 사랑해!!

진은영 2000년 《문학과 사회》로 등단. 시집으로 『일곱 개의 단어로 된 사전』 『우리는 매일매일』이 있음. dicht1@hanmail.net

기우는 동그라미

달력 곳곳에 동그라미가 그려져 있다.
동그라미를 이리저리 연결하면
새로운 별자리 하나 생겨날 것도 같고
한 가문을 지켜주는 부적도 그려지겠다.
동그라미마다 한쪽으로 찌그러져 있다.
싹을 내어주고 텅 빈,
씨앗 껍데기 같은 둥근 선을 들여다보면
어머니와 아버지가 등 굽혀 머릴 맞대고 앉았다.
모성 쪽으로 기운다는 동그라미를 바라보자니
할머니의 기일을 묻는 아버지가
어머니께 재가를 구하고 있다.
달력에서는 모성이 가장이다.
어머니에게 가부장권을 넘겨준 음력이
양력을 앞세우고 뒤따라가고 있다.
동그라미 속 날짜를 읽는
어머니의 눈까풀도 한쪽으로 찌그러져 있다.
내게는 그저 숫자로만 보이는 날짜인데, 어머니는
한쪽으로 닳는 인감도장 테두리 속 이름으로
정화수 그릇 속 얼굴로 읽는 것이다.
나도 어머니 흉내를 내며
새끼들 생일에 동그라미를 쳐둔 적 있지만

그저 사야 할 양초 개수만 보일 뿐이어서
촛불 밝기를 믿는 나는 양력으로 앞서 나가고
사연을 짐 진 어머니는 그믐처럼 뒤따라오고 있다.
음력으로만 기록되는 사연이 얼마나 무거운지
어머니 안짱다리가 점점 한쪽으로 기울고 있다.

(문예바다 가을)

시 작 노 트

 지구가 태양의 둘레를 한 바퀴 도는 데 걸리는 시간을 1년으로 정한 양력과 달이 지구를 한 바퀴 도는 시간을 기준으로 만든 음력 둘 중 무엇을 기준으로 삼아야 할까. 이런 고민을 한 적 없었다면 흙과 씨앗의 주기를 잊고 살았다는 증명이다. 생몰의 주기를 일생이라고 증명하려는 사람이라면, 음력을 기준으로 파종일을 잡는다. 사람이 흙에 씨앗을 놓는 일은 섭리의 영점을 맞추는 일이다. 음력으로만 기록되는 사연이 그렇다. 사람에서는 오직 어머니만 그렇다.

차 주 일 시집으로 『냄새의 소유권』이 있음. POSITION 주간. *chaji2222@naver.com*

눕듯이 서듯이 자작자작

봄 자작나무가 하늘로 하늘로
어린 청개구리들을 토해낼 때
철없는 청개구리들이 우주 밖으로 뛰어내릴까 봐
막다른 골목길을 선물로 내려준 것처럼

다투고 있던 당신과 나도 그 골짜기에 멈춰 섰다

한 실랑이가 다른 실랑이에 기대어 사르락거릴 때
당신은 그 하얀 길에만 취해 앞서 가기 시작한다

모서리를 숨겨온 잎들이
당신 앞의 산을 둥글게 만들어
산의 광기와 골짜기의 맹렬을 다 덮었다고 생각할 때
애초에 모두 길이었던 자작과 자작 사이
멈추는 발자국 소리처럼 당신이 자주 턱 턱 걸린다

먼 발아래 꽈리처럼 부푼 비닐하우스가 없었다면
저 밭뙈기의 냉증을 이해하지 못했을 터
앞서가는 당신 뒷등이 바람에 불룩 부풀어서
당신의 냉증은 그대로 내 몸속의 꽈리가 된다

냉중의 땅이 꽈리를 불어서
누워 있는 장작과 장작 사이
서 있는 자작과 자작 사이에
눕듯이 서듯이 푸른 한 잎 또 터져 올라온다

아직도 자작자작 속을 태우는 중이다
자작 숲에선 뛰어내릴 수 없는 서로의 길이 선물이다

(문예바다 가을)

시 작 노 트
자작나무에 봄 잎이 새로 나올 때는 영락없이 작은 청개구리다. 어떤 다툼이라도 있었던 것처럼 먼 우주 밖으로 뛰어내릴 듯 바람에 파닥거리는 잎들! 속 태우고 사는 우리의 모습이다. 부풀어 있는 비닐하우스도, 화가 불룩 나 있는 당신도, 어쩔 수 없이 몸속에 꽈리만 부풀린다. 자작나무의 하얀 수피가 인도하는 그 말간 길을 걷다 보면, 눕듯이 서듯이 내 몸에도 새잎이 터진다.

천 수 호 1964년 경북 경산 출생. 2003년 《조선일보》 신춘문예로 등단. 시집으로 『아주 붉은 현기증』『우울은 허밍』이 있음. suho63@hanmail.net

엉뚱한 생각

38페이지를 넘긴다는 게
문득 삼팔선 생각
삼십팔 페이지에 '외면'이 있다
거기에 이렇게 적혀 있었다

"눈 내리는 한적한 길이어서
나란히 오줌을 누며
애써 먼 곳을 보려 했지만
먼 곳은 보이지 않았다
나도 외면할 수 없는 사람이다"

108페이지를 넘긴다는 게
문득 백팔번뇌 생각
백팔 페이지에 '일원'이 있었다
거기에 이렇게 적혀 있었다

"헝겊 같은 그늘과…… 신과 더불어
나도 구름 많은 세계의 일원"*

생각해 보니
나도 구름 많은 세계의 일원

삼팔선에서 백팔번뇌까지

나도 번뇌할 수 있는 사람이다

*문태준의 시에서

(현대시학 7월)

천 양 희 1965년 《현대문학》으로 등단. 시집으로 『하루치의 희망』『마음의 수수밭』
『오래된 골목』『너무 많은 입』 등이 있음. 소월시문학상, 현대문학상, 박두진문학상
등 수상.

난세의 춘란

최동호

달빛에 춘란이 검푸르게 흔들리고 있다

창검의 그림자가 설핏한 사람은

거친 들판으로 나가 세상과 겨루고

습자지의 먹물 깊어 지혜로운 사람은

달빛 그림자 붓에 적셔 천하를 얻는다

(문학에스프리 가을)

시 작 노 트

국론 분열이 극에 이르고 있다. 어느 누구도 통합의 진정한 논리는 내세우지 않고 정치인은 분열을 조장하고 이를 요란하게 부추기고 있다. 다들 눈앞의 작은 이익만을 생각하기 때문이다. 춘란의 그림자가 어지럽게 흔들릴수록 난세를 이겨낸 선인들의 지혜가 아쉽다. 창검으로 해결될 일이 아니다. 물러서고 양보하고 다시 생각하는 자유인이 되어 보자.

최동호 1948년 경기도 수원 출생. 시집으로 『황사바람』『아침책상』『딱다구리는 어디에 숨어 있는가』『공놀이하는 달마』『불꽃 비단벌레』『얼음얼굴』 등이 있음. 현대불교문학상, 고산 윤선도문학상, 박두진문학상, 유심작품상 등 수상. 현재 고려대 문과대 국문과 명예교수 겸 경남대 석좌교수. dhchoe@korea.ac.kr

하재연

검은 도미노

네게서 조금 엎질러진 부분이
내게 스며들었다
너의 액화된 사랑, 미움, 기쁨
나는 얼룩 없는 조각으로 돌아갈 수가 없다

나는 쓰러지며
네게 묻은 색깔을 너에게 묻힌다
너는 잃어버린 슬픔이었어서
그것의 무게를 가볍다 느낀다
그리고 너는 쓰러진다

우리는 무늬를 이루게 된다
얼룩의 얼룩의 얼룩의 얼룩의
고리이며
세계가 한 번도 들려주지 않았던
소리로 끝이 난다

발신음을 전송한다
하나의 조각과
하나의 조각이 부딪치고

너와
모르는 너와
알지 못할 너와
네가 아닌 너와
너들로부터 떨어져 나온 너에게

그곳이 흰
세계인 줄도 모르고

(창작과비평 겨울)

하 재 연 2002년 《문학과사회》 신인문학상으로 등단. 시집으로 『라디오 데이즈』 『세계의 모든 해변처럼』이 있음. hahayoun@hanmail.net

함기석

수학자 누Nu 16

제7인공수면실 Time Captives 나는 16940시간째 동면 상태다 내 우측 수면 캡슐엔 힌두 우주인 마야maya, 출입문의 붉은 눈이 빔을 뿜으며 빠르게 깜빡이자 투명체 유리 캡슐들이 열린다

등에 파란 촉수가 달린 파동생물 카이가 들어온다 긴 혀로 내 얼굴과 마야의 눈을 핥는다 파르르 눈꺼풀을 떨며 나는 깨어난다 긴 터널 같은 환몽에서 마야도 깨어난다 우린 키스한다

카이가 가늘고 긴 촌충의 모습으로 변하더니 마야의 눈꺼풀을 뚫고 들어간다 누가 실명한 신의 눈을 뜨고 응시한다 마야의 살이 파랗게 변한다 머리칼은 죽은 버드나무 줄기처럼 흐늘거리고

유방은 한 쌍의 흑조가 되어 북두의 하늘로 날아간다 내가 손을 뻗어 마야의 뺨을 어루만지자 그녀의 눈 속에서 내 눈을 태울 듯 노려보는 카이의 눈, 내가 주춤주춤 물러서자 누가 나를 부른다

나는 무명無名인데 귀조차 녹아내려 없는데 누가 계속 내 멸실된 이름을 부른다 그때마다 수축하는 잠 팽창하는 꿈, 마야의 눈 속에서 거대한 말미잘 촉수가 뻗어 나와 내 목을 휘감아 들어간다

순식간에 나는 마야 속에 갇힌다 꿈을 깬 육체 속에 남겨진 꿈

처럼, 이곳은 망각된 시간의 외계外界일까 누구의 삭제된 슬픔이고 누구의 망실된 기억일까 미친 눈썹들이 흩날리는 해저 같다

나를 흡입한 마야의 몸이 풍선처럼 부푼다 나는 수평파를 따라 종이배처럼 피 속을 떠내려간다 죽은 아기들의 울음이 울리는 에코의 방을 지난다 살 속은 전자회로망이 실핏줄처럼 깔려 있고

나는 더듬더듬 벽을 짚으며 거미줄 모양의 신경망을 지나 후두부로 간다 자율신경 계단을 오르자 주름진 방들이 보인다 마야의 뇌다 종양처럼 검은 꽃들이 피어 있다 망자처럼 떠도는 달

감금 이틀째, 척추 속이다 뼛속에 고인 구름을 따라 흉부로 간다 폐엔 파란 물이 고여 있다 죽은 자의 입술 닮은 물고기들이 헤엄치고 있다 누가 음경陰經을 들고 태양에게서 불을 훔치고 있다

그것이 내 유실된 주검이라는 듯, 나는 척수를 타고 방광 쪽으로 방류된다 검은 음모로 뒤덮인 아름다운 해안이 나타난다 지수화풍공地水火風空 누가 검은 해변에서 다섯 개를 풀어놓고 있다

나는 모래언덕에 올라 수평선을 바라본다 내 실종된 귀가 돛단배처럼 떠다니는 바다, 내가 물속으로 뛰어들자 내 몸은 시퍼런

핏물로 뒤덮이고 수평선 너머에서 밀항선처럼 검은 간이 떠온다

　절벽에서 누가 외치고 있다 마야! 마야! 날 내보내줘! 나도 따라 소리친다 소리칠수록 우리의 몸은 밀랍처럼 녹고 사방에서 카이의 웃음만 싸늘히 커진다 내 모든 기연其然이 불연不然인 이곳

　감금 나흘째, 나는 마침내 항문에 도착한다 괄약근이 꽃처럼 오므려져 있다 나는 온힘을 다해 그녀의 몸을 빠져나간다 바깥은 이형의 외계다 지구로부터 108광년 떨어진 암흑우주 아이엠Iam

　해마처럼 생긴 생물들이 반투명 액체 속을 둥둥 떠다니고 있다 색색의 시간들이 기나긴 해초가 되어 파동을 따라 출렁이고 있다 수면 위로 동면중인 내가 든 유리 캡슐들이 무수히 떠오르고 있다

(현대문학 11월)

시 작 노 트

　잠자는 돌을 본다. 한때 꽃이었던 돌의 꿈을 엿본다. 내가 건드리자 돌은 눈을 뜬다. 새가 되어 네 심장의 천공天空으로 날아오른다. 돌은 천 개의 눈을 가진 생물, 시간을 역류하는 새다.

함 기 석 1992년《작가세계》등단. 시집으로 『힐베르트 고양이 제로』『오렌지 기하학』 등이 있음. remma@hanmail.net

함명춘

귀천歸天

세상의 남자를 사랑해선 안 되었다
하지만 사랑은 화염火焰 같아서 결혼을 했고 그 순간
선녀의 옷은 하얀 재를 남기고 사라졌다

두 아이를 낳았는데 첫째 딸 소란이가 두 살 때
남편은 병으로 죽고 둘째 아들 성규는 열한 살인데도 기저귀를 찼다
안 해본 장사가 없었다 햇볕보다 조금만 늦어도 자릴 빼앗기는 노점,
발버둥칠수록 가난은 거미줄처럼 온몸을 감아 왔다

하는 수 없이 선녀는 하늘에서 가져 온 장신구들을 팔기로 했다
몇몇 바람만이 신기한 듯 물건을 만지작리다 갈 뿐
얼마 후 구청 용역원들이 들이닥쳤다 좌판을 엎었고
단속 차량에 장신구들을 실었다 선녀가 매달리자

용역원들은 배를 걷어찼고 길 한복판에 선녀를 패대기쳤다

선녀는 창턱에 한 줌의 쌀을 얹어놓았다
새가 날아와 쪼아 먹는 날을 하늘에 오르는 기일로 정했다
제일 먼저 소란이는 핸드폰을 껐고 선녀는 성규의 몸을 깨끗이

씻어 주었다
　밀린 월세와 남은 쌀 한줌을 봉지에 담아 문가에 두었다

　어디선가 부리가 빨간 새 한 마리가 날아와 쌀을 물고 사라졌다

　선녀는 준비한 알약을 소란이 손에 쥐어 주고 성규의 입에 한 움큼 넣어 주었다
　갈 길이 머니 소란에게 성규의 손을 꼭 잡으라고 했다
　조금씩 방은 찬 공기와 단단한 침묵으로 채워져 갔다

　눈을 떠보니 수많은 새떼들이 네 개의 밧줄로 묶어 매달고 가는 큰 둥지 속이었다
　맨 앞엔 부리가 빨간 새가 무리를 이끌고 있었다
　구름 뒤 유난히 반짝이는 별을 향해 날아가고 있었다

　선녀는 아이들을 깨웠다 소란이는 아빠가 보고 싶다고 했다
　성규는 처음으로 선녀의 눈을 마주보며 웃고 있었다 가끔
　결빙 같은 뭇별들이 둥지에 부딪칠 때마다 사방으로 빛이 튀고 있었다

(시작 가을)

시 작 노 트

성직자는 물론 종교 인구가 급속도로 줄고 있다고 한다. 슬프고 안타까운 일이다.

이 세상이 아무리 힘들고 절망적이라 해도 그나마 유지되고 견딜 수 있는 건 보이지 않는 곳에서 묵묵히 우리를 위한 그들의 기도가 있었기 때문이라고 난 생각한다.

그 누구든 종교를 넘어서 한 번 기도해 보라. 처음엔 자신을 위한 기도로 시작하지만 나중엔 남을 위한 기도로 귀착된다. 기도는 우리를 하나로 만드는 공간이다.

함 명 춘 강원도 춘천 출생. 1991년 《서울신문》 신춘문예에 「활엽수림」으로 시 부문 당선으로 등단. 시집으로 『빛을 찾아나선 나뭇가지』, 『무명 시인』이 있음.
0505hmc@hanmail.net

2017 '작가'가 선정한

오늘의 시집

고 은   길상호   김민정   김혜순
초혼_우리의 죄는 야옹_아름답고 쓸모없기를_피어

신달자   이달균   이선균   이승은
북촌_늙은 사자_언뜻,_얼음동백_영원이 아니라서

홍성란   황동규
바람의 머리카락_연옥의 봄

나태주 도종환 서정춘 송찬호
지_꽃장엄_사월바다_이슬에 사무치다_분홍 나막신

장욱 이종문 장철문 허 연
한_아버지가 서 계시네_비유의 바깥_오십 미터

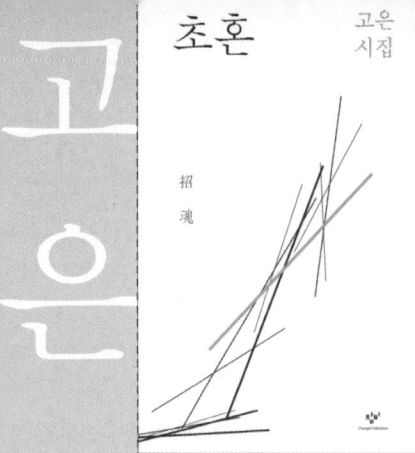

구글 알파고에게 없는 것
그것이 나에게 있다

슬픔 그리고 마음

집에 돌아와 신발을 벗고 뉘우친다
내 슬픔은 얼마나 슬픔인가
내 마음은
얼마나 몹쓸 마음 아닌가

등불을 껐다

―「최근」 전문

과거, 현재, 미래의 삶을 아우르는 우주적 상상력
– 고은 시집 『초혼』(창비)

'한국이 낳은 세계적 시인'이라는 호칭 그대로 한국문학의 한 봉우리를 넘어 명실공히 세계 시단의 중심에 우뚝 서 있는 고은 시인의 신작 시집 『초혼』이 출간되었다.

『무제 시편』(창비 2013) 이후 3년 만에 내놓는 이번 시집에서 시인은 '때'와 '곳'에 얽매이지 않는 '자가자무自歌自舞'의 분방한 시정신으로 우주와 소통하는 대자유의 세계를 펼친다. 이 시집은 한마디로, 과거와 현재와 미래의 삶을 아우르는 우주적 상상력과 세상의 본질을 꿰뚫어 보는 예리한 통찰력, 인간 존재와 인생에 대한 심오한 예지가 돋을한 "불멸의 시학의 완성"(조재룡, 해설)이다. 팔순을 넘긴 나이에도 여전히 끊임없는 탐구와 모색과 고뇌가 깃든 뜨거운 심장을 간직한 채 역사와 시대를 온몸으로 껴안으며 어둠속에서 미지의 꿈과 희망을 노래한다. 제1부에 102편의 시와 제2부에 미 발표 시 「초혼」을 실었다.

제2부의 '장편 굿시' 「초혼」은 원고지 130매 분량에 달하는 회심의 역작으로, 아마도 이번 시집은 이 작품을 위한 것이 아닌가 싶다. 시인은 소월의 운을 빌려 "원통하고 절통한 근대 백세 난리 중에/천부당만부당으로 스러져 간" 영혼들을 "피 토하는 득음공부 소리공부 다 바쳐" 삼가 위무한다. "저 상고시대 백제 망령 고구려 망령"부터 "우금치 갑오농민군 을미의병 영령" "왜땅 관동지진 난리 속"에 살육당한 조선 동포의 "처처참참한 몇십만 신위" "제주 4·3 원혼 십만 각위" "거창 참변의 시퍼런 넋들" "지리산 한령" "광주 안팎 민주영령" "다 죽어도 아직껏 펄펄한 목숨"인 '세월호'의 "어린 신위들"까지 억울하게 죽어간 넋들의 "얽히고설킨 한"을 푸는 "애끓는 절창"의 "원한풀이 해원굿"이다. ─「출판사 서평」에서

고 은 1933년 전북 군산 출생. 1958년 《현대시》《현대문학》 등에 추천되어 문단 활동 시작. 첫시집 『피안감성』을 펴낸 이래 서사시 『백두산』(전7권), 연작시편 『만인보』(전30권), 『고은 시전집』(전2권), 『고은 전집』(전38권)을 비롯해 150여 권의 저서를 간행했고, 1989년 이래 영미·독일·프랑스·스웨덴을 포함한 약 20여 개 국어로 시집·시선집이 번역됨. 만해문학상, 대산문학상, 중앙문화대상, 한국문학작가상, 단재상, 유심작품상, 대한민국예술원상 등과 스웨덴 시카다상, 캐나다 그리핀공로상 등 수상. 버클리대 한국학과 방문교수, 하버드 옌칭연구소 특별연구교수 등 역임. koun_poet@yahoo.co.kr

문학동네시인선 087 **길상호** 시집 **우리의 죄는 야옹**

길상호

달빛에 슬며시 깨어보니
귀뚜라미가 장판에 모로 누워 있다
저만치 따로 버려둔 뒷다리 하나,
아기 고양이 산문이 운문이는
처음 저질러놓은 죽음에 코를 대고
킁킁킁 계절의 비린내를 맡는 중이다
그늘이 많은 집,
울기 좋은 그늘을 찾아 들어선 곳에서
귀뚜라미는 먼지와 뒤엉켜
더듬이에 남은 후회를 마저 끝냈을까
날개 현에 미처 꺼내지 못한 울음소리가
진물처럼 노랗게 배어나올 때
고양이들은 죽음이 그새 식상해졌는지
소리 없이 밥그릇 쪽으로 자리를 옮긴다
나는 식은 귀뚜라미를 주워
하현달 눈꺼풀 사이에 묻어주고는
그늘로 덧칠해 놓은 창을 닫았다
성급히 들어오려다 창틀에 낀 바람은
다행히 부러질 관절이 없었다

―「그늘에 묻다」 전문

상징적인 언어의 힘, 그것이 시적 언어가 보여주는 힘
― 길상호 시집 『우리의 죄는 야옹』(문학동네)

문학동네 시인선 그 여든일곱 번째 시집으로 길상호 시인이 신작을 펴냈다. 『우리의 죄는 야옹』은 지난 2010년 『눈의 심장을 받았네』 이후 6년을 꽉 채워 출간하는 그의 네번째 시집이기도 하다. 2001년 《한국일보》 신춘문예를 통해 등단한 이후 길상호 시인은 침착하면서도 집요한 시선에, 과묵하면서도 첨예한 사유를 한데 발휘하면서 시단의 자기 자리를 확실히 다져온 바 있다.
그의 이러한 내공이 정점으로 빛을 발하는 이번 시집은 총 3부로 나뉘어 넘침이나 모자람 없이, 단정히도 어떤 회색으로 담겨 있다. 이번 시집의 표제이자 마지막에 실린 「우리의 죄는 야옹」 앞에서 그저 웃지요 하게 되는 건, 그는 지시하는 시인이 아니고 그는 직언하는 시인이 아니며 그는 그저 가리키는 시인이기 때문이다. 시인이 가리키는 그 지점에서, 돌고 돌아가는 세상사의 온갖 이야기들 그 비밀들 앞에서 그는 다 봤다 싶으면 아무런 말없이 확연히 돌아서서 가버리는 사람이다. 그는 다 먹은 걸 자랑하느라 흔들면 요란법석을 떠는, 수저가 든 빈 양은 도시락통이 아니다. 물을 마실 때의 고양이다. 잠자리를 찾을 때의 고양이다. 군소리 하나 없이 정확하게 소리의 진원지를 찾아 온몸을 가장 동그란 원이 될 수 있게 웅크린다. 길상호 시인의 강함은 바로 그 연함에 있다. 야옹. 번역할 수 없지만 번역할 필요없이 파동되는 고양이의 부름, 그 상징적인 언어의 힘, 그것이 바로 이번 시집 속 길상호 시인의 시적 언어가 보여주는 힘이다.

―「출판사 서평」에서

길 상 호 1973년 충남 논산 출생. 한남대학교 국어국문학과 졸업. 2001년 《한국일보》 신춘문예를 통해 등단. 시집으로 『오동나무 안에 잠들다』 『모르는 척』 『눈의 심장을 받았네』가 있음. 현대시동인상, 천상병시상, 한국시인협회 젊은시인상 등 수상.
482635@hanmail.net

문학동네시인선 084 **김민정** 시
집 **아름답고 쓸모없기를**

김민정

지지난 겨울 경북 울진에서 돌을 주웠다
닭장 속에서 달걀을 꺼내듯
너는 조심스럽게 돌을 집어들었다
속살을 발리고 난 대게 다리 두 개가
V자 안테나처럼 돌의 양옆 모래 속에 꽂혀 있었다
눈사람의 몸통 같은 돌이었다
야호 하고 만세를 부르는 돌이었다

물을 채운 은빛 대야 속에 돌을 담그고
들여다보며 며칠을 지냈는가 하면
물을 버린 은빛 대야 속에 돌을 놔두고
들여다보며 며칠을 지내기도 했다

(중 략)

물은 죽은 사람이 하고 있는 얼굴을 몰라서
해도 해도 영 개운해질 수가 없는 게 세수라며
돌 위에 세숫비누를 올려둔 건 너였다
김을 담은 플라스틱 밀폐용기 뚜껑 위에
김이 나갈까 돌을 얹어둔 건 나였다
돌의 쓰임을 두고 머리를 맞대던 순간이
그러고 보면 사랑이었다

—「아름답고 쓸모없기를」 부분

모든 쓸모없는 것들에 대하여
— 김민정 시집 『아름답고 쓸모없기를』(문학동네)

　김민정 시인의 세 번째 시집이다. 솔직한 발성과 역동적인 감각으로 '시詩'라는 것의 남근주의와 허세를 짜릿하고 통쾌하게 발라버린 첫 시집 『날으는 고슴도치 아가씨』(2005), 더럽고 치사한 세상을 우회하지 않고 직설적인 에너지로 까발려낸 두 번째 시집 『그녀가 처음, 느끼기 시작했다』(2009)를 잇는 세 번째 시집 『아름답고 쓸모없기를』에는 총 33편의 시가 수록되어 있다.
　특히 이번 시집에는 "거침없는 시어와 톡톡 튀는 상상력으로 자기만의 독특한 시세계를 펼쳐오며, 많은 후배 시인들에게 강한 영감과, 영향력을 주고 있다"는 평을 받으며 2016년 현대시작품상을 수상한 「입추에 여지없다 할 세네갈산産」외 8편의 시가 함께 실려 있어 7년 만에 출간되는 시집에 대한 기대감을 더욱 높인다.
　이번 시집에서 유독 또렷하게 느껴지는 특징은 자유분방함에 더해진 깊이와 삶의 굽이굽이를 어루만지는 부드러운 활력이다.
　김민정의 이전 시들이 삶의 표면에 도드라진 무늬들을 솔직한 감각으로 포착해 마치 랩이라도 하듯 거침없는 말투로 쏟아냈다면, 최근 시들은 깊숙하게 내려앉았다가 다시 솟구치는 삶의 곡선을 닮은 타령처럼 구성지면서도 애달픈 데가 있다. 이를 통해 이전에 보여주었던 특유의 재치 있는 말장난과 눈치보지 않고 쏟아내는 음담들로 이루어져 있겠거니 하고 방심했던 독자들의 마음을 이 시들은 훅 찌르고 들어온다.

—「출판사 서평」에서

김 민 정 1976년 인천 출생. 중앙대 문예창작과, 동 대학원 수료. 1999년 《문예중앙》 신인문학상을 통해 등단. 시집으로 『날으는 고슴도치 아가씨』『그녀가 처음, 느끼기 시작했다』『아름답고 쓸모없기를』, 산문집 『각설하고,』가 있음. 박인환문학상, 현대시작품상 수상. blackinana@hanmail.net

김혜순

훔치지도 않았는데 죽어야 한다
죽이지도 않았는데 죽어야 한다
재판도 없이
매질도 없이
구덩이로 파묻혀 들어가야 한다
(중 략)
무덤 속에서 운다
네 발도 아니고 두 발로 서서 운다
머리에 흙을 쓰고 운다
내가 못 견디는 건 아픈 게 아니에요!
부끄러운 거예요!
무덤 속에서 복부에 육수 찬다 가스도 찬다
무덤 속에서 배가 터진다
무덤 속에서 추한 찌개처럼 끓는다
핏물이 무덤 밖으로 흐른다
비오는 밤 비린 돼지 도깨비불이 번쩍번쩍한다
터진 창자가 무덤을 뚫고 봉분 위로 솟구친다
부활이다! 창자는 살아 있다! 뱀처럼 살아 있다!

―「피어라 돼지」 부분

부패와 폭력, 비참과 오욕의 현실을 거침없이 비판
— 김혜순 시집 『피어라 돼지』(문학과지성사)

독창적인 상상적 언술의 최극단으로 한국 현대시의 미학을 끊임없이 갱신해온 시인 김혜순이 열한 번째 시집 『피어라 돼지』(문학과지성사, 2016)를 출간했다.

미당문학상(제6회, 2008)과 대산문학상(제16회, 2008)을 수상한 『당신의 첫』(2008)에서 강렬한 이미지와 메시지를 한데 추동하는 장시 「맨홀 인류」를 수록한 『슬픔치약 거울크림』(2011)에 이르기까지, 김혜순의 시 세계는 시적 화자 스스로 몸이 부서지고 변화하며 격렬한 이미지의 연쇄를 이끌어내는 동시에 몸서리치는 파동으로서의 몸-리듬 혹은 몸소리라는 새로운 시-언어를 발견/발명하는 데 전력을 다해왔다.

"김혜순"이라는 이름은 하나의 시학이며, 김혜순 시학은 하나의 공화국으로서, "동시대의 여성 시인들이 김혜순 공화국의 시민이었으며, 특히 2000년대 젊은 시인들의 언술 방식과 김혜순 시학의 상관성은 더욱 긴밀"(이광호, 문학평론가)하다고 말해지는 이유가 바로 여기에 있다. 멈추지 않는 상상적 에너지로 좀처럼 자기 반복이라곤 허용하지 않는 놀라운 집중력을 발휘하며 매번 다른 목소리를 내온 김혜순은 이번 시집에서 "세상의 모든 약한 존재자들을, 죽음과 부활을, 사랑과 욕망을, 성과 식욕을 제 몸에 구현한 '다면체-돼지'(권혁웅, 문학평론가)의 몸과 입을 빌려 우리가 발 딛고 선 이 땅, 이 세계의 부패와 폭력, 비참과 오욕의 현실을 거침없이 비판한다.

— 「출판사 서평」에서

김 혜 순 1955년 경북 울진 출생. 1979년 계간 《문학과지성》을 통해 등단. 시집으로 『또 다른 별에서』『아버지가 세운 허수아비』『어느 별의 지옥』『우리들의 陰畵』『나의 우파니샤드, 서울』『불쌍한 사랑 기계』『달력 공장 공장장님 보세요』『한 잔의 붉은 거울』『당신의 첫』『슬픔치약 거울크림』 등이 있음. 김수영문학상, 현대시작품상, 소월시문학상, 미당문학상, 대산문학상 등 수상. 현재 서울예술대학 문예창작학과 교수. michauxx@seoularts.ac.kr

날마다 날마다
우리들 하루하루는
눈물과 한숨과 땀방울
절름발이의 언덕

언덕 너머 들판 넘어
강물을 건너
갑시다 갑시다
어서 갑시다

저 너머 흰 구름
꽃으로 피어나는 곳
꽃 보러 갑시다
미소 보러 갑시다

아닙니다 우리가
꽃이 되러 갑시다
미소 되러 갑시다
어서 같이 갑시다.

―「아제아제」 전문

전세前世, 현세現世, 내세來世의 세계관
— 나태주 시집 『꽃장엄』(천년의시작)

시작시인선 197권. 1971년에 《서울신문》 신춘문예로 등단한 나태주 시인의 서른일곱 번째 신작 시집이다.

나태주 시인의 이번 시집에서는 과현미過現未 또는 과거, 현재, 미래로 구성되는 삼세三世 곧 전세前世, 현세現世, 내세來世의 세계관을 피력한다. 나태주의 시는 단순하지 않고 다양한 생각을 유도하는 특성이 있다. 시인이 추구하는 '같이'의 시학 또는 '가치'의 시학은 삶과 시를 함께 아우른다. 나태주의 작품이 우리에게 유의미하게 다가올 수 있는 까닭은 그가 수행의 의미를 불교적인 범주 내에 국한하지 않고, 인간의 삶과 죽음이라는 본질적인 영역으로 확장시키고 있기 때문이다. 인간이 지구가 되고 더 나아가 우주와 합일하게 된다는 충일감의 정서를 독자들에게 전달한다. 이러한 나태주 시인의 심오한 자각을 대하는 우리의 마음에는 '아아' 라는 감탄사가 뒤따를 수밖에 없겠다.
— 「출판사 서평」에서

날마다 나의 중요한 일과 가운데 하나는 잠을 청하기 전에 컴퓨터를 열고 시집 원고를 다시 살피는 일이다. 어쩌면 이것이 이 세상 마지막 날이지 싶어서 그렇게 한다. 하나의 버릇이고 그것이 또 나의 시 쓰기 습관이다.

그렇게 또다시 한 권의 시집 원고가 모였다. 이 시편들이 세상으로 나가 사람들과 어떻게 조우할지는 나도 모르는 일이다. 늘 여기까지가 나의 소임이다. 그리고는 돌아서서 섭섭해하고 감사한 마음을 또한 잊지 않는다. 이런 마음들이 모이고 쌓여 나의 일생이 되었다. 그것이 아직은 진행형. 그래서 다시 고맙다.
— 「시인의 말」에서

나 태 주 1945년 충남 서천 출생. 1971년 《서울신문》 신춘문예 당선으로 등단. 제1시집 『대숲 아래서』에서부터 『꽃장엄』까지 37권의 시집 출간. 산문집과 동화집도 여러 권 냈으며 시화집, 선시집도 여러 권 냈음. 43년 동안의 교직에서 정년퇴임하여 현재는 공주문화원장. tj4503@naver.com

산짐승은 몸에 병이 들면 가만히 웅크리고 있는다
숲이 내려보내는 바람 소리에 귀를 세우고
제 혀로 상처를 핥으며
아픈 시간이 몸을 지나가길 기다린다

나도 가만히 있자

—「병든 짐승」 전문

가시 돋힌 꽃길, 그 속에서 피어나는 새로운 희망
— 도종환 시집 『사월 바다』(창비)

서정과 현실을 아우르는 섬세하고 부드러우면서도 곧은 언어, 삶의 상처를 위무하고 세상의 아픔을 달래는 서정의 세계를 펼쳐온 도종환 시인의 신작 시집 『사월 바다』는 제13회 백석문학상과 제1회 신석정문학상 수상작 『세시에서 다섯시 사이』(창비 2011) 이후 5년 만에 펴내는 열한 번째 시집이다.

알다시피 시인은 2012년 비례대표로 국회에 진출한 뒤 올해 지역구 의원으로 재선한 현역 국회의원이다. 이번 시집은 바로 그곳, "정치공학만 난무하는 오늘날 한국의 정치판에서 겪은 내상의 흔적들"(최원식, 발문)로, 지난 4년간 "고통과 절규와 슬픔과 궁핍과 몸부림의 현실" 속에서 "온몸에 흙을 묻히고, 흙먼지를 뒤집어쓴 채"(시인의 말) 불의한 시대에 맞서 아름다운 세상을 일구고자 하는 간절한 심정으로 써내려간 견결한 시편들이 뭉클한 감동을 자아낸다.

"서정의 깊이와 격과 감동"이 어우러진 가운데 슬픔을 희망으로 바꾸는 "사무치는 위로가 있는 매혹적인 시집"(박성우, 추천사)이다. 어둡고 더러운 세상이지만 시인은 결코 세상의 슬픔을 외면하지 않는다. "함께 가는 모든 길이 아름다워지"(「꽃길」)리라는 믿음을 안고서 시인은 "정의가 승리하"는 "아름다운 세상을 꿈꾸"(「아름다운 세상」)며 "남을 위해 기도하고/세상을 위해 일하며/인생의 십분의 일을 바치"(「십일조」)겠다는 다짐을 깊이 새기기도 한다. 이윽고 삶을 돌아보는 자기성찰에서 사회적 문제와 현실 정치 속으로 시선을 넓혀가면서 "사악함이 승리하고 정의가 불의를 이기지 못"하는 "불행한 시대"(「팔월」)를 향해 분노가 아니면 가눌 수 없는 목소리를 드높인다.

—「출판사 서평」에서

도 종 환 충북 청주 출생. 시집으로 『고두미 마을에서』 『접시꽃 당신』 『지금 비록 너희 곁을 떠나지만』 『당신은 누구십니까』 『흔들리며 피는 꽃』 『부드러운 직선』 『슬픔의 뿌리』 『해인으로 가는 길』 『세시에서 다섯시 사이』 등이 있음. 백석문학상, 신동엽문학상, 정지용문학상, 윤동주상, 공초문학상, 신석정문학상 등 수상.
djhpoem@hanmail.net

서정춘

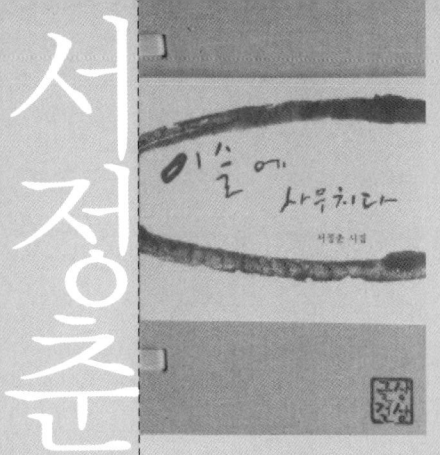

나는 이슬방울만 보면 돋보기까지 갖고 싶어진다
나는 이슬방울만 보면 나도 돋보기만한 이슬방울이고
이슬방울 속의 살점이고 싶다
나보다 어리디어린 이슬방울에게
나의 살점을 보태 버리고 싶다
보태 버릴수록 차고 다디단 나의 살점이
투명한 돋보기 속의 샘물이고 싶다
나는 샘물이 보일 때까지 돋보기로
이슬방울을 들어올리기도 하고 들어 내리기도 하면서
나는 이슬방울만 보면 타래박까지 갖고 싶어진다

—「이슬에 사무치다」 전문

짧게 쓰여진 시가 전하는 길게 새겨질 울림
— 서정춘 시집 『이슬에 사무치다』(글상걸상)

"박용래의 따뜻한 서정(내용)과 김종삼의 언어 경제(형식)가 하나의 몸을 이루어 발뒤꿈치를 들어올릴 때, 서정춘의 가장 빼어난 시 몇 편이 태어난다."

시인은 1941년 전남 순천에서 태어나 순천매산중고등학교 야간부를 졸업하고, 1968년《신아일보》신춘문예 시 부문 당선으로 줄곧 시인의 길을 걸었다. 그 후 동화출판사에 입사해 28년을 근속하고 퇴직하던 1996년 3월 등단 28년 만에 첫 시집 『竹篇』을 출간하였다.

마부의 아들로 태어난 시인은 매산중고를 야간부로 나왔을 정도로 줄곧 가난과 독학의 세월을 살아왔다. 아버지 친구들은 대부분 빨치산이었으며, 그 빨치산 '몽당손이 아재비' 외팔이 장씨 서가에서 당시에는 금서였던 정지용, 백석, 이용악, 오장환을 다 읽었다. 그리고 구상 시인의 벗으로 짐작되는 동경제대 출신 조율사 '피아노 최씨'에게서 익히 시인임을 인정받고 막걸리 상을 마주한 것이 매산고등학교 시절이었다니, 독학으로 한 문학 공부의 경지가 실로 범상치 않았다.

출간 20년 만에 첫 시집 『竹篇』이 복간되기도 했다. "아하, 나는 시간보다 재능이 모자라 더 짧게는 못 썼소."라고 말하는 시인의 모습을 통해 그가 본 시집을 통해 보여주고자 하는, 말하고자 하는 삶의 모습을 어렴풋이 들여다 볼 수 있다.

— 「출판사 서평」에서

서 정 춘 1941년 전남 순천에서 출생. 순천 매산고등학교를 졸업. 1968년《신아일보》신춘문예로 등단하여 작품 활동 시작. 시집으로는 『竹篇』『봄, 파르티잔』『귀』『물방울은 즐겁다』 등이 있음.

님께서 새 나막신을 사 오셨다
나는 아이 좋아라
발톱을 깎고
발뒤꿈치와 복숭아뼈를 깎고
새 신에 발을 꼬옥 맞추었다

그리고 나는 짓찧어진
맨드라미 즙을
나막신 코에 문질렀다
발이 부르트고 피가 배어 나와도
이 춤을 멈출 수 없음을 예감하면서
님께서는 오직 사랑만을 발명하셨으니

─「분홍 나막신」 전문

심야 막차 풍경 같은 고단한 풍경의 시들
— 송찬호 시집 『분홍 나막신』

송찬호의 다섯 번째 시집 『분홍 나막신』은 문명의 위력에 동화적 상상력을 동원해 비판적인 자세를 견지하는 『고양이가 돌아오는 저녁』(2009) 이후 7년 만의 결실이다.

첫 시집 『흙은 사각형의 기억을 갖고 있다』(1989)와 두번째 시집 『10년 동안의 빈 의자』(1994)에서처럼 인습적이고 상투적인 형식에 맞서 대상을 불화와 충돌로써 새로운 차원으로 받아들이는 시인만의 새로운 상징과 미적 질서가 이끄는 가운데 세 번째 시집 『붉은 눈, 동백』(2000)의 선명한 이미지가 세계와 만나 이뤄내는 존재에 대한 성찰은 좀더 깊어졌다.

송찬호 시의 가장 손꼽히는 특성은 시어의 신선함이다. 그 언어의 생동은 현란한 수사의 꾸밈이 아닌 날것으로 데려다 놓음으로써 그것들이 시 속에서 스스로 상징이 되고 비유가 되는 움직임을 찾아가게 한다. 시들의 제목, '장미' '냉이꽃' '상어' '참새' '튤립'를 보아도 그렇고, 시 속의 문장들도 마찬가지다. 언어를 도구화하지 않고 그것 스스로 놀 수 있는 판을 벌여준다. 익숙한 대상을 만나는 자리에서도 인습화되고 낡은 발견이 아닌 새로운 발견을 선사한다. 대상을 발견하고, 말 앞에서 물러서며, 누구도 보지 못하는 것을 담아내는 이 시들이 담아내는 재미있는 풍속과 세상에 대한 재치 있는 반격은 리듬과 템포를 더해 무엇보다 잊고 있던 시 읽는 즐거움을 되찾아 줄 것이다. 그것이 다시 한 번 송찬호 시집을 들어야 하는 이유다.

— 「출판사 서평」에서

송 찬 호 1959년 충북 보은 출생. 1987년 《우리 시대의 문학》 6호에 작품을 발표하면서 시단에 나옴. 시집으로 『흙은 사각형의 기억을 갖고 있다』 『10년 동안의 빈 의자』 『붉은 눈, 동백』 『고양이가 돌아오는 저녁』 등이 있음. 이상시문학상, 대산문학상, 미당문학상, 김수영문학상, 동서문학상 등 수상. sch2087@hanmail.net

열평만 내 것인 줄 알았는데
북촌이 다 내 것이다

계동 원서동 가회동 삼청동
정독 도서관 헌법 재판소가 감사원이
국립미술관이 삼청 공원이 창덕궁이 민속 박물관이
여기저기 걷다 보면 물어보나마나 다 내 것이다

전통과 문화는 서로 스며든다
찔린 아픔을 시간으로 동여매고 회복되는 거리
전통이 업어주고 문화가 등을 다독거릴 때
골목길들이 눈을 감았다 떴다 하며 넓어지는 길

오늘
골목골목이 소곤거리고 계단마다 반짝거리는 햇살
골목을 오가는 외국인들이
내 앵두만 한 집 앞에서 사진을 찍는다

북촌이 다 너희 것이다

—「내 동네 북촌」전문

가장 좁은 곳에서 그리는 가장 넓은 곳의 이야기
— 신달자 시집 『북촌』(민음사)

　　신달자 시인의 신작 시집 『북촌』은 2014년 『살 흐르다』 이후 2년 만에 엮은 열네 번째 시집이다. 『북촌』이라는 제목에서 드러나듯이, 이 시집에 실린 70편의 시들은 오로지 '북촌의, 북촌을 위한, 북촌에 의한' 것이다. 갓 스물에 등단하여 반백 년 넘게 시와 함께 흘러온 그녀는, 삶의 고뇌를 섬세한 감성으로 표현하며 우리 문학에서 여성시의 영역을 개척하고 대표해 왔다.
　　북촌로 8길 26, 열 평 남짓 작은 한옥, 그곳에 신달자 시인이 살고 있다. 2014년 가을, 누우면 "발 닿고 머리 닿는/ 봉숭아 씨만 한 방"으로 이사한 첫 밤에 그녀는 새 노트를 펴고 '북촌'이라고 썼고, 그것이 이 시집의 시작이 되었다. 그날부터 계동의 골목을, 가회동의 소나무길을 걸으며, 북촌이 가진 역사와 문화와 삶을 가까이 보면서, 한 편 한 편 시를 써나갔다. 그곳의 삶 그 무엇 하나 그녀를 사로잡지 않는 것이 없었다. 북촌에 사는 내내 "온몸의 살과 뼈 피까지 옹골지게도 앓"으며 "누가 맘먹고 호미로 온몸을 조근조근 찢어 대는" 것처럼 아팠지만, 북촌을 써야 한다는 의욕으로 통증을 견디어 냈다.
　　그런 절실함으로 써낸 이 시집에는 "지상에서 가장 애틋한 언어"이자 "혀가 잘려도 해야 할 말"이 오롯이 담겨 있다.
　　"나의 대표작은 오늘 밤에 쓰는 시"라고 말하는 그녀는 "온몸을 웃으며 행복해"하며 오늘 밤도 북촌을 시로 담고 있다.

— 「출판사 서평」에서

신 달 자 1943 경남 거창 출생. 1964년 《여상》 신인문학상 수상. 1972년 《현대문학》 추천 완료. 시집 『열애』 『종이』 『살흐르다』 외 다수. 영랑문학상, 한국시인협회상, 대산문학상, 정지용문학상 등 수상. 한국시인협회 회장을 역임했으며, 현재 대한민국 예술원 회원. dalja7@hanmail.net

죽음 곁에 몸을 누이고 주위를 돌아본다

평원은 한 마리 야수를 키웠지만

먼 하늘 마른번개처럼 눈빛은 덧없다

어깨를 짓누르던 제왕을 버리고 나니

노여운 생애가 한낮의 꿈만 같다

갈기에 나비가 노는 이 평화의 낯설음

태양의 주위를 도는 독수리 한 마리

이제 나를 드릴 고귀한 시간이 왔다

짓무른 발톱 사이로 벌써 개미가 찾아왔다

―「늙은 사자」 전문

같음 속에서 다름을 찾아나가는 시
— 이달균 시집 『늙은 사자』(책만드는집)

　이달균 시인의 여섯 번째 시집 『늙은 사자』. 그가 펼쳐온 시 세계에서 특히 도드라지게 감지되는 것은 '자아를 찾아 떠도는 여정 속 시인의 모습'이다.
　곳곳을 찾아 길 위를 떠돌듯, 그는 '자아'와 대면하기 위해 마음속으로의 여행을 계속 이어온 것이다. 이 같은 경향은 이번 시집에도 예외가 아니어서, 적지 않은 작품에서 자아와 마주하기 위해 여정을 이어가는 시인과 만날 수 있다. 그리고 언제나 그러하듯 그가 이번 시집에서 보여주는 시적 여정은 자잘하고 미세한 자기 돌아보기가 아니다. 즉, 내면의 미세한 감정 변화에 대한 미시적인 관찰로서의 자기 돌아보기의 여정이 아닌 것이다. 비록 자기 돌아보기로 시인을 이끄는 대상이 미세한 것이라 해도 이를 향한 시인의 마음은 언제나 선이 굵고 또한 힘차게 움직인다. 심지어 그의 언어조차 선이 굵고 강한 마음의 움직임을 감지케 한다.
　이런 의미에서 이번 시집의 표제작인 「늙은 사자」는 특히 주목할 만한 작품이다. 첫째, 시조 형식이 갖는 최고의 장점이라고 할 수 있는 절제미를 극대화하고 있다는 점이다. 이와 관련하여, 삶과 죽음이라는 거창한 주제를 다루고 있음에도 불구하고 언어와 감성과 사유의 절제를 통해 이 작품의 의미는 더할 수 없이 생생하게 살아나고 있다. 둘째, 작품의 짜임새 면에서 흠잡을 데가 없거니와, 연시조의 가능성을 뛰어넘어 필연성을 증명하는 것이 바로 이 작품이다. 셋째, 오늘날의 시조가 적지 않은 경우 사소한 일상사를 향한 개인의 미세하고 미묘한 감정의 변화를 다룸으로써 이른바 '선線이 가는' 쪽으로 나아가는 경향을 보이고 있다면, 이 작품은 그와 같은 미시화微視化의 경향을 뛰어넘음으로써 '선이 굵은 시조의 가능성'을 보여주는 소중한 예라 할 수 있다.
　　　　　　　　　　　　　　　　　　　　— 「출판사 서평」에서

이 달 균 1957년 경남 함안 출생. 1987년 시집 『남해행』으로 문단 활동 시작. 1995년 《시조시학》 신인상으로 시조 창작을 병행하였으며 《시와생명》 편집인을 역임. 시집 『문자의 파편』 『말뚝이 가라사대』 『장롱의 말』 『북행열차를 타고』 『남해행』이 있음. 중앙시조대상, 중앙시조대상 신인상, 경남문학상, 경남시조문학상, 마산시문화상(문학 부문) 등 수상. moon1509@hanmail.net

천변에 앉아 초록을 캐요. 쑥향을 뜯어요.

쑥향,

원시의 동굴에서 몸 바꿔 입은 여자의 냄새

그대와 내가 서로의 몸속에 심어 놓은 냄새

마늘과 어우러져 깊이 배어 있는 사랑의 독소

언뜻, 보았지요.

몇 생애 전의 물가에서 아기 안은 여자와 불 피우는 남자,

돌아갈 수 없는

그 동굴을 떠나지 못하는 이유

당신을 놓지 못하는 이유

―「언뜻」 전문

슬픈 단어들이 모여 빚어내는 따뜻한 문장들
― 이선균 시집 『언뜻,』(천년의시작)

　이선균의 시는, 삶의 표면에서는 외롭고 쓸쓸하지만 그 반영은 깊이를 더해가며 아름다워지고 단단해져 청명한 울림으로 반짝거린다. 수묵으로 번지는 언어들이 대립적이면서도 서로 조응하며 이중성으로 빛난다. 물의 표면에서 '부유하는' '부서지는' '흩어지는' 이라는 동사가 물의 깊은 곳으로 내려가면서 '심어 놓은' '길어 놓은' '뿌리내리는' 이라는 동사로 바뀐다.
　그는 흘러가는 삶의 여기저기에 섬을 만들고 그 위에서 달빛과 바람에 자신의 몸을 말리며 춤을 춘다. 그의 존재는 현실적으로 작은 어항에 담겨 있는 '생이가래'일지 모른다. 어항이라는 삶에 담겨 뿌리내리지 못하고 물풀로 떠다니기만 하는. 그러나 그는 계약 기간이 끝나가는 12월에 아이들에게 알퐁스 도데의 「염소」를 읽어 주는, 이별에서 사랑을 아는 계약 교사다.
　또한 생이가래라는 물풀을 바라보면서 비켜날 수밖에 없는 삶의 모순과 '생이, 갈애渴愛' 라는 조응을 동시에 본다. 한 시인이 멸치 덕장에서 말라가는 멸치를 바라본다. 그리고 다음과 같이 쓴다. "흘림체로 몸부림치는/ 비릿한 인연, 어쩌다/ 이곳으로 이끌려왔나.// 단 한 획의 미라./ 고독한/ 이미지스트."(「멸치 덕장」 전문) 이 시를 빌려서 이제 이선균의 시를 말할 수 있겠다.
　수묵담채로 삶의 표면을 그려내는 '비릿한 인연'들, '알싸한 통증'들, 그것들이 우리 삶의 안으로 스며들어 깊이를 더해 가며 언어의 수정水晶이 되어 가는 한 획의 간절함이 그의 시라고…….
　　　　　　　　　　　　　　― 박형준(시인, 동국대 국문과 교수)

이 선 균 1961년 경기도 포천 출생. 동국대 문화예술대학원 문예창작과 석사 졸업. 2010년 《시작》 신인문학상 당선으로 등단. echam617@hanmail.net

봉오리를 꼬옥, 물고 찬 울음에 갇혔다

한때 나도 꽃이었으니 저 견딤을 이제 안다

살얼음 깨치며 핀다, 이기고 돌아왔다

―「얼음 동백」 전문

짧은 강렬함이 낳은 긴 여운
— 이승은 시집 『얼음 동백』(책만드는집)

1979년 스물둘의 나이에 문단에 나온 이승은 시인이 단시조만을 묶어 아홉 번째 시집으로 『얼음 동백』을 상재했다.

이승은 시인은 그동안 짧고 간명한 시조 중에서도 단시조에 가깝게 압축미를 위해 전력을 다해 왔는데, "일곱 해를 품어왔던 단시조"로 엮은 이번 시집은 시인이 긴 시간 동안 만만치 않은 공력을 들였음을 알 수 있다.

이승은의 단시조는 섬세하게 살아 있는 극세사 같은 감정의 올을 일순에 훑쳐내어 매듭짓는다. 그는 마치 초고속 카메라 셔터가 아주 짧은 시간에 사물을 잡아내듯 그의 시안에 들어온 피사체를 극명한 이미지로 재구성하는 묘사의 뛰어난 순발력을 지니고 있다. 그리고 그 고감도의 감정의 올은 예민하고 탄력이 있어서 그것을 다시 투사할 때는 아주 신선한 감각으로 재현된다.

또한 이승은의 단시조는 늘 새로운 이면을 제시하며 우리의 곁으로 다가온다. 그의 시는 먼 곳에서 오지 않는다. 늘 그가 움직이는 주변과 생각의 지근거리에서 온다. 부처나 예수가 세상의 이치를 설파할 때 아주 작고 허술하기 그지없는 주변의 이야기를 가지고 엄마의 손길처럼 때로는 벼락처럼 이야기하듯 그렇게 곰살갑고 바지런하다.

선집이 아닌, 일곱 해 동안 쓴 단시조를 따로 모아 펴낸 이번 시집은 다양하고도 정직한 보폭을 지켜온 한 시인이 한결 더 무쌍해졌음을 실감하게 한다. 열정의 극세사로 탄력이 강한 훑쳐내기 공력을 펼치며 무반주로 이루어내는 아카펠라의 숙연한 모습처럼 단시조의 대합창을 펼친 시인의 노고가 고스란히 드러난다. — 박형준(시인, 동국대 국문과 교수)

이 승 은 1958년 서울 출생. 1979년 대학 시절 제1회 만해백일장 장원, 그 해 KBS·문공부 주최 전국민족시대회 장원으로 문단에 나옴. 시집으로 『넬라 판타지아』 『꽃밥』 『환한 적막』 『시간의 안부를 묻다』 『길은 사막 속이다』 『시간의 물그늘』 『내가 그린 풍경』과 100인 시조선집으로 『술패랭이꽃』이 있음. 고산문학대상, 오늘의시조문학상, 중앙일보시조대상, 이영도시조문학상, 한국 시조작품상 등 수상. jini-221@hanmail.net

이장욱

모든 것은 이미 배달되었다.
그것이 늙은 우편배달부들의 결론,

당신이 입을 벌려 말하기 전에 내가
모든 말을 들었던 것과 같이

같은 계절이 된 식물들
외로운 지폐를 세는 은행원들
먼 고백에 중독된 연인들
그 순간

누가 구름의 초인종을 눌렀다.
뜨거운 손과 발을 배달하고 있다.
우리가 있는 곳이라면 어디에나 있는
바로 그 계절로

단 하나의 답장이 도착할 것이다.
조금 더 잔인한 방식으로

─「우편」 전문

모호함 속에서야 가능해지는 이장욱 특유의 세계
— 이장욱 시집 『영원이 아니라서 가능한』(문학과지성사)

시인이자 소설가, 평론가인 이장욱의 네 번째 시집이 출간되었다. 1994년 《현대문학》으로 등단한 뒤 이장욱은 줄곧 아무에게도 읽히지 않은 세계의 접힌 부분들을 펼쳐 읽으며 단정한 문장으로 낱낱의 세계를 건져 올리는 일을 계속해왔다. 20년이 넘도록 서서히 변화하고 성장하면서도 세계라는 "수수께끼들 앞에서 충실하려고 노력"(『기린이 아닌 모든 것』 '작가의 말'에서)하는 기조는 바뀌지 않았다.

첫 번째 출간한 시집에서의 '현실과 꿈의 경계 지점에 놓여 있는 시들'(오형엽)은, 4년 뒤 두 번째 시집에서의 '익숙하면서도 낯선 공간'과 "현재와 과거가 혼재된 시간"(이광호)으로 확장된다. 소설과 시를 가리지 않는 특징이라 이장욱표標라고 이름 붙여볼까 싶은 "조금 낯선 무엇, 약간 비스듬히 어긋나 있는"(강지희) 정서는 사실 처음부터 해독해 낼 작정을 하고 읽으려 든다면 오히려 그 의미가 퇴색될 수도 있다. 지난 세 번째 시집 추천사에서 동료 시인이자 연구자인 진은영은 이렇게 말했다. "그의 시에 대해서는 덧붙일 것이 없으니까. 어떤 좋은 그림들은 그것을 끼워넣을 모든 액자를 조잡하게 느껴지게 할 만큼이나 좋다." 그리고(그래서), 네 번째 시집 『영원이 아니라서 가능한』에는 해설이 없다. "일관된 생애" 속에서 문득 출몰했다 서서히 사라지는 것들, "어렴풋이 보이는 것들과/어렴풋이 보이지 않는 것들 사이에서"(「초점」) 맴도는 존재들, 그리고 이미 말해진 것, 맹세한 것, 확신하는 것이 아닌 모호함 속에서야 가능해지는 이장욱 특유의 세계가 담긴 5부 61편의 시들을 온전히 대면하게 하기 위해서다.

—「출판사 서평」에서

이 장 욱 1968년 서울 출생. 1994년 《현대문학》에 시를 발표하면서 작품 활동을 시작. 시집 『내 잠 속의 모래산』 『정오의 희망곡』, 평론집 『혁명과 모더니즘』, 장편소설 『칼로의 유쾌한 악마들』과 소설집 『고백의 제왕』 등이 있음. 단편소설 「곡란」으로 2011년 제1회 웹진문지문학상을 수상. 계간 『창작과비평』 편집위원으로 활동하고 있으며, 동국대학교 문예창작학과 교수. oblako@hanmail.net

화물연대 부산지부가 총파업을 선언하여
이른 바 물류대란이 코앞에 다가오자
급해진 중앙 정부가 공권력을 투입했다

고료도 없는 시를 매일 써온 시인들도
드디어 총궐기해 총파업을 선언하고
당분간 시 짓는 일을 일체 작파키로 했다

뭐라고? 그래 봤자 눈도 깜짝 않는다고?
천만에, 그럴 리가? 다급해진 대통령이
공권력 투입한다며 으름장을 놓겠지 흥,

이 놀라운 사태 앞에 경악한 대통령이
국가적 위기라며 계엄령을 선포하고
정말로 계엄군들을 투입하게 될지 몰라

그래 부디 그 계엄군 투입하라, 투입하라
시인들이 작파를 해도 공권력을 투입하는
기차고 신명난 세상, 그게 꿈이니까 얼쑤!

―「계엄군을 투입하라」 전문

아름다움에서 쫓겨난 시인이 내뱉는 메타포
― 이종문 시집 『아버지가 서 계시네』(황금알)

    이종문은 얼마든지 일어날 수 있고 볼 수 있는 소소한 일상의 '평범함'에서 강력한 자장을 뿜어내는 '비범함'을 포착해 낸다. 그 과정에서 그가 구사하는 언어는 언제나 친화력과 호소력 넘치는 토착어이다. 문장은 해학으로 전개되고 그 속도는 민첩하다. 우리는 절로 웃게 된다. 그러나 그의 시는 바로 그 웃음의 눈꼬리에 이슬이 맺히게 하는 토속 서정의 힘을 강렬하게 지니고 있다. 그는 추상적이고 사변적인 인식의 발화에는 고개를 홱 돌려버린다. 늘 보통사람의 현실적이고 구체적인 마음을 염두에 두고 있기 때문이다. 그에게 깨우침은 초탈이나 달관처럼 특별 난 게 아니다. "흰 구름 이불 속에 벌렁 드러누운 채로 두 팔을 베개 삼아 드렁드렁 코를 골며 한 사날 잠"을 푹 자고 "깨고 나니 의자 위"였다(「깨고 나니 의자 위데」). 여름엔 비 뿌리고 겨울엔 눈 휘날린다. 그에겐 그게 호시절이다. 당연히 호시절은 계속될 것이고 흐벅지고 깊은 서정은 더욱 짙어 갈 것이다.   ― 「출판사 서평」에서

    생뚱맞게도 '화물연대의 파업'으로 시작된 시는 엉뚱하게도 전대미문의 '시인들의 총파업'으로 이어진다. 시인은 "이 놀라운 사태"를 "국가적 위기"로 인식하고 즉각 "계엄군을 투입"하는 "기차고 신명난 세상"을 만들어달고 대통령에게 강력 요청한다. 비약에 비약이 뒤따르지만, 이처럼 의표를 찌르는 의외성이 시의 자력을 강하게 뻗치게 하는 중요한 동력으로 작동한다. 이종문은 시인이 시인으로서 '긍정적인 밥'을 도저히 먹을 수가 없게 된 오늘날의 현실적 상황에 대하여 신랄하게 풍자하면서 시집의 문을 열고 있는 것이다.   ― 호병탁(문학평론가)

이 종 문 1955년 경북 영천 출생. 1993년 《경향신문》 신춘문예 당선으로 등단하여 역류 동인으로 활동. 시집으로 『저녁밥 찾는 소리』 『봄날도 환한 봄날』 『정말 꿈틀, 하지 뭐니』 『묵 값은 내가 낼게』 『아버지가 서 계시네』 등과 산문집 『나무의 주인』이 있음. 한국시조작품상, 유심작품상, 중앙시조대상 등 수상. 현재 계명대학교 한문교육과 교수. 10413@hanmail.net

장철문

아이는 새잎처럼 자라고, 나의 비유는 끝이 났다
올해 나는 잣나무 잎 지는 시기를 새로 알았다
송홧가루 날려 새잎 돋을 때다
꽃가루가 먼지와 섞이고 새잎에 빗방울 꿰일 때

나의 비유는 끝이 났다, 수맥이 옮겨간 숲처럼
나의 언어는
죽은 새의 부리처럼 갈라졌다

실뿌리에 축축하던 습기는 사라졌다
바라던 대로
오월의 산빛은 비유의 바깥에 있다
바라던 대로
파도와 비애는 언어의 바깥에 있다

비유는 죽고, 나만 앙상하게 남았다
내 생의 최대의 비유가
생리를 시작하기도 전에
나의 언어는 바닥을 드러냈다

―「오월 낙엽」부분

2920번 묶여진 매듭, 쓴 약 같은 시집
— 장철문 시집 『비유의 바깥』(문학동네)

1994년 『창작과비평』으로 데뷔한 뒤 발간한 『바람의 서쪽』『산벚나무의 저녁』『무릎 위의 자작나무』에 이은 네 번째 시집이다. 앞선 시집과는 8년의 터울을 두었으니 그간 시인이 게을렀던 탓이 아니겠냐며 이 얇은 시집을 두고 쉽게 말할 수도 있겠으나 마지막 페이지를 덮고 나면 일단은 나도 모르게 말부터 싹 삼가게 된다. 허투루 읽고 버릴 시 한 편이 없다 싶으니까 시인의 침묵과 시인의 부재로 짐작이 되던 그간 시인의 하루하루가 시로 참 촘촘했겠구나, 다시금 헤아려지기도 한다.

『비유의 바깥』은 총 여섯 개의 매듭 안에 총 51편의 시가 나뉘어 담겨 있다. 통상 '부'라는 말로 써왔던 나눔의 총칭을 '매듭'이라 쓴 것이 재미가 있어 간만에 그 '매듭'의 안팎부터 들쑤셔 보는데, 시집의 만듦새에 이렇게 적합한 단어가 또 있었을까 싶은 것이 그 사전적 정의를 다시 보게 되면서이다.

새삼 어떤 시작과 어떤 끝 사이에 맺히는 말이 '매듭'이다 싶으니까 이것이 '시'를 칭하는 '시'의 비유가 아닌가 생각도 해보게 된다. 여기에 '바깥'이 붙으니까 이 시인 거추장스러운 시의 장식은 탈탈 다 털어버리고 알몸 그 맨몸으로만 승부할 작정이구나 싶어 읽는 마음에 있어 그 자세부터 곧추세우게 되는 듯하다. 참으로 깐깐하게 시의 허리뼈부터 꼿꼿이 세우자는 시인의 고집, 그 기본기에 대한 집중은 사실 시의 오장육부를 바로잡는 일이라서 이 시집을 손에 쥔 누구나에게 약이다 싶은 마음으로 대하라고 하기에 참으로 적합하다 싶다. 요약해 말하자면 쓴 약 같은 시집이랄까, 장철문의 시집 『비유의 바깥』을 왜 읽어야 하느냐고 누군가 묻는다면 말이다. —「출판사 서평」에서

장 철 문 1966년 전북 장수 출생. 1994년《창작과비평》겨울호로 등단. 시집으로 『바람의 서쪽』『산벚나무의 저녁』『무릎 위의 자작나무』가 있으며, 산문집 『진리의 꽃다발 ; 법구경』, 동화 『노루삼촌』『심청전』『양반전』 등과 그림책 『흰쥐 이야기』『명치덕골 정현모 아저씨네 다랑논』 외 다수가 있음. damsan@hanmail.net

　피 묻은 목도리를 어디에 두었는지 기억이 나지 않습니다. 그날을 떠올리다 흰머리 몇 개 자라났고 숙취는 더 힘겨워졌습니다. 덜컥 봄이 왔고 목련이 피었습니다.

　그대가 검은 물속에 잠겼는지, 지층으로 걸어 들어갔는지 나는 알지 못합니다. 꿈으로도 알 수가 없습니다. 그래도 기억은 어디서든 터를 잡고 살겠지요.

　아시는지요. 늦은 밤 쓸쓸한 밥상을 차렸을 불빛들이 꺼져갈 때 당신을 저주했었습니다. 하지만 오늘 밤 목련이 목숨처럼 떨어져나갈 때 당신을 그리워합니다.

　목련이 떨어진 만큼 추억은 죽어가겠지요. 내 저주는 이번 봄에도 목련으로 죽어갔습니다. 피냄새가 풍기는 봄밤.

　　―「목련이 죽는 밤」 전문

날선 고통 안에서 시인의 사랑은 숙명처럼 시작된다
― 허 연 시집 『오십 미터』(문학과지성사)

    1991년 『현대시세계』로 등단한 허연 시인의 네 번째 시집 『오십 미터』가 출간되었다. 이번 시집에는 2013년 현대문학상 수상작 「북회귀선에서 온 소포」 외 6편과, 시작작품상 수상작 「장마의 나날」 등이 수록되어 있다.
    1995년 첫 시집 『불온한 검은 피』로 "자기 부정을 통한 자기긍정의 정공법으로 '무의미의 의미'라는 두려우리만치 아름다운 미학을 창출해 냈다"(문학평론가 황병하)라는 극찬을 받았던 시인 허연은, 13년 만에 두 번째 시집 『나쁜 소년이 서 있다』를 묶으며 도시 화이트칼라의 자조와 우울을 내비치며 독한 자기 규정과 세계 포착으로 독자들을 사로잡았다. 이어 2012년 세 번째 시집 『내가 원하는 천사』에서 삶의 허망하고 무기력한 면면을 담담히 응시하며 부정성 내부에 숨 쉬는 온전한 긍정의 가능성을 찾아나갔던 허연은, 이번 시집 『오십 미터』로 세월 속에 찌든 슬픔, 마모되어 소멸해 가는 존재들에 시선을 보내며 일상 속에 안주하지 않고 하루하루를 날선 타자로 견뎌나가는 시인의 사투, 그만의 업業을 완성하려는 치열한 자세를 보여주고 있다.
    여전히 나쁜 소년 같고, 상처 받은 나비 같은 시인 허연. 시인으로 살아온 25년의 세월 동안 예민한 감각으로 도시의 쓸쓸한 풍경을 포착하고 거침없이 고통을 가로지르며 삶의 노예가 되지 않고자 몸부림 친 절실함의 기록이 이번 시집에 고스란히 녹아 있다.

                                           ― 「출판사 서평」에서

허 연 서울 출생. 1991년 《현대시세계》 신인상으로 등단. 시집 『불온한 검은 피』 『나쁜 소년이 서 있다』 『내가 원하는 천사』 등이 있음. 현대문학상, 시작작품상 수상.
praha@mk.co.kr

홍성란

006
바람의
머리카락
제1회 조운문학상 수상 기념 시집
POEMS BY
HONG SUNG LAN
홍성란 시집

HONG
SUNG
LAN

대추 꽃만 한 거미와 들길을 내내 걸었네

잡은 것이 없어 매인 것도 없다는 듯

날개도 없이 허공을 나는 거미 한 마리

가고 싶은 데 가는지 가기로 한 데 가는지

배낭 멘 사람 따윈 안중에 없다는 듯

바람도 없는 빈 하늘을 바람 가듯 날아가데

날개 없는 거미의 날개는 무엇이었을까

눈에는 보이지 않는 무언가 있다는 듯

매나니 거칠 것 없이 홀홀, 혈혈단신 떠나데

— 「바람의 머리카락」 전문

세상의 어둠을 비추는 휘영청 밝은 달
— 홍성란 시집 『바람의 머리카락』(고요아침)

일찍이 우리의 황진이가 역순종횡逆順縱橫에도 자재한 삶을 무념무작無念無作, 시조로 보여주었다면 홍성란은 황진이의 시심詩心을 전수받은 검인상주劍刃上走, 칼날 위를 달리는 시인이요 그의 시조는 일조백련一條白練, 한 자락의 흰 비단이다.　　　　　　　　　　　　　　　　　　　— 설악 무산 스님

홍성란의 시적 언어는 삶의 아픔을 어루만지는 솔솔 부는 봄바람 같고 세상의 어둠을 비추는 휘영청 밝은 달과 같다. 시적 절제와 긴장이 만들어내는 정제된 형식미와 능청스러운 어법으로 펼쳐지는 사설의 파격미는 득음의 경지에 도달하였다고 해도 과언이 아니다. 그가 보여주는 현대적 감성은 우리 시조가 나아갈 길을 환하게 밝혀 준다. 우리 현대 시조의 미래가 홍성란으로부터 새로운 탄력을 얻게 되리라는 것은 누구도 부인할 수 없는 명백한 일이다.
— 최동호(시인 · 문학평론가 · 고려대 명예교수)

"나 날 적 궁전이었으나 내가 버린 폐가廢家 있어요"라고 썼다. 이 구절을 쓰고 장시간 슬픔이 북받쳤을 시인의 모습에 가슴이 저리다. 아아, 폐가라니. 날 때는 궁전이었으나 지금은 폐가라니. 이 기막힌 상상력은 어디서 온 것인가? 나를 낳으셨으니 궁전이요 몸과 마음을 잃었으니 폐가란 말인가? 그러나 폐가이어도 애인인 것. 폐가라고 돈담무심 지나치려 하지만 그래도 연하고질과 천석고황의 애인인 것. 설사 내가 버렸어도 애인은 애인인 것. 어머니에 대한 사랑을 이러한 형식과 어법으로 표현한 시인이 아직 없었으니 그의 위상은 가히 독보적이다. 칠백년 시조 역사, 백년 자유시 역사에 이런 시인이 없었으니 그의 자리는 정상이다.　　— 이숭원(문학평론가 · 서울여대 교수)

홍 성 란 충남 부여 출생. 성균관대 대학원 국문과 졸업(문학박사). 1989년 중앙시조 백일장으로 등단. 시조집 『춤』, 한국대표명시선100 『애인 있어요』 등이 있음. 유심작품상, 중앙시조대상, 대한민국문화예술상 등 수상. 방송대, 성균관대 강사, 《유심》 상임편집위원 등 역임. srorchid@daum.net

황동규

잔눈 맞고 밟으며 왔다.
어느 결에 눈이 그치고
달도 별도 없는 바닷가
파도도 물소리도 없다.
먼 데서 울던 밤새 소리도 없다.

어둠 속에서 혼자 불빛 비추고 있는 등대
나무 몇만 사는 조그만 섬도 길 잃은 배도 없는
수평선마저 없는 바다를 천천히 훑고 있다.
더 없는 것은 없냐? 반복해 훑고 있다.
가만, 마음에 모여 있던 생각들 다 어디 갔지,
자취 하나 남기지 않고?
순간 가슴 한끝이 짜릿해진다.
이 짜릿함 마음의 어느 함에 넣을까?

— 「바가텔Bagatelle」 전문

무無와 유有, 그 덧없음에 대하여
— 황동규 시집 『연옥의 봄』(문학과지성사)

황동규 시인의 열여섯 번째 시집 『연옥의 봄』이 출간되었다. 시인은 1958년 《현대문학》 추천으로 등단한 이래 지난 58년간 존재와 예술, 세계를 향해 질문하는 절실하고 독한 시 창작 여정을 계속해 왔다. 미당문학상·대산문학상·호암상 등 국내 굴지의 문학상을 수상한 이력뿐만 아니라 "우리나라 최초의 현대적인 사랑 노래"로 꼽히는 「즐거운 편지」 「조그만 사랑 노래」 등으로 독자들에게 잘 알려진 한국 현대 대표 시인 중 한 명이 황동규이다.

이번 시집에서는 「연옥의 봄」 연작 네 편을 포함한 총 77편의 시가 묶였다. 직전 시집 『사는 기쁨』(문학과지성사, 2013)에서 꺼져가는 삶도 생명의 진행 과정에 있음을, 살아 있는 한 생명이 다 하는 날까지 "아픔의 환한 맛"을 달게 받아들여야만 한다는 삶의 숭고를 표현했다면, 이번 시집에서는 일상적인 부재와 소멸의 '사소함'을 생의 일부로 수용하고, 삶과 죽음을 아우르는 '기다림의 자세에 대한 생각'을 심화해간다. 미완을 스스럼없이 긍정하며, 시 안에 살아 숨 쉬는 인간과 삶의 미묘한 섬광을 담아내고자 꾸준히 들여다보고 사유해 나가는 시인 황동규의 열정은 여전히 현재진행형이다.

『연옥의 봄』의 시편들은 하나하나 황동규가 삶과 죽음에 대해 갖고 있는 인간적인 생각을 선명하게 보여준다. 이 생각들은 초월적인 지향이 아닌 소박하고 천진무구한 인간적 감각과 행위의 산물이다. 시인은 짧은 실존과 덧없는 소멸에 연연하지 않고 절대 고요의 순간에 도달하며, 이를 '황혼의 지평선'이나 '게가 물었던 조그맣고 예리했던 아픔' 같은 평소 일상 감각으로 구체화한다. 이번 시집에서 황동규가 전하는 메시지는 그의 평생의 시 작업을 일목요연하게 압축한다. ―「출판사 서평」에서

황 동 규 1938년 평안남도 숙천肅川에서 태어나 서울에서 성장. 서울대학교 영문과와 동 대학원 졸업. 영국 에딘버러 대학 등에서 수학. 1958년 《현대문학》 추천으로 등단. 시집으로 『어떤 개인 날』 『풍장』 『외계인』 『버클리풍의 사랑 노래』 『우연에 기댈 때도 있었다』 『꽃의 고요』 등이 있음. 현대문학상, 이산문학상, 대산문학상, 미당문학상 등 수상. 현재 서울대 영문과 명예교수와 예술원 회원. Hwangt@snu.ac.kr

■ '오늘의 시' 기획 좌담

2017년 한국 시의 지형과 지향

참석자
— 유성호(문학평론가, 한양대학교 교수, 사회)
— 홍용희(문학평론가, 경희사이버대학교 교수)
— 나민애(문학평론가, 서울대학교 교수)

일시: 2017년 2월 16일(목)
장소: 도서출판 작가 사무실
사진: 김이하
정리: 《쿨투라》 편집부

중진 시인들의 시세계

유성호: 두 분 선생님, 안녕하세요? 먼저 「2017 '작가'가 선정한 오늘의 시」에 선정된 시와 시집의 목록을 살펴보면, 중진과 중견 시인들의 약진이 두드러진다는 것을 알 수 있습니다. 사실 중진 시인들의 시집이 예년보다 많이 추천되어 있어 조금 놀랍기도 했습니다. 실제로 예년에 비해 주목할 만한 중진 시인의 시집이 상대적으로 많이 출간되었기 때문에 이런 결과가 나온 것 같기도 합니다. 어쨌든 이러한 우리 시의 지형과 지향을 바탕으로 하여 좌담을 원만하게 진행해보겠습니다. 먼저 홍용희 선생님께서 고은 선생을 비롯하여 황동규 선생, 신달자 선생의 시집들에 대해 이야기해주시겠습니까?

홍용희: 고은 시집 『초혼』이 출간되었습니다. 고은의 시집이 출간되었다는 소식은 결코 새롭게 느껴지지 않습니다. 그에게 시집 출간은 이제 일상으로 다가오는 게 사실이지요. 그는 시집을 비롯하여 여러 장르에 걸쳐 150여 권을 출간한, 이 땅에서 가장 크고 높은 문학적 봉우리를 쌓은 문사라는 것을 모르는 사람이 없지요. 특히 그에게 세상살이란 이미 국경을 넘어선 세상, 즉 세계의 삶이란 것도 잘 알려져 있습니다. 시적 관심사나 평가가 이미 모국어의 영토를 넘어서가고 있다는 것입니다. 그렇다면 그의 이처럼 왕성한 문학적 활동의 동력은 어디에 있을까요? 이번 시집 『초혼』은 이에 대한 답변을 어느 정도 가늠해볼 수 있게 합니다. 먼저 2부의 「초혼」은 1307행으로 구성된 장편 굿시입니다. 소

월의 시 「초혼」에 "삼가 잇대어" "내 조국 전체/이 신성한 유역 일대에 떠도는 넋들", 영가들, 신위들을 위한 해원 굿입니다. 그래서 여기에는 갑오농민군, 관동대지진, 제주 4.3원혼, 한국전쟁, 광주항쟁, 세월호 등등에 걸친 참변의 영령들을 모두 위무와 섬김의 소리제사 대상으로 불러모으고 있습니다. 맺힌 한들을 매듭매듭 풀어가는 주술적 리듬과 언어가 물결처럼 유려하고 힘차고 자연스럽습니다. 인위의 흔적이 없는 무위의 글쓰기입니다. 마침 그는 1부에서 「무위에 대하여」라는 시를 쓰고 있습니다. "무엇을 하지 않다니//거지가 되거라/비굴한 도둑이 되거라//무엇을 하지 않다니//꽃 지거나/다음 해/꽃 피거라"라고 일갈하고 있지요. 무위란 무엇입니까. 함이 없음을 통해 하지 않음이 없다는 것이지요. 그는 인위를 비워 무위의 물결을 타면서 시의 널을 뛰고 있었던 것입니다. 무위가 바로 그의 창작방법론이라는 것입니다. 그는 「자화상에 대하여」에서 "이제 나는 도로 0이다 피투성이 0의 앞과 0의 뒤 사이 여기"라고 자신을 소개하고 있습니다. "0"이란 무위의 시각적 표상이지요. "0"은 피타고라스학파에서 완전형, 만물의 기원이자 만물을 포괄하는 '모나드'로 설명하지요. "0"의 없음은 있음의 반대가 아니라 있음의 모태,

활동하는 무입니다. 노자는 허공에 대해 풀무와 같이 비어 있음으로 다함이 없고 움직일수록 더욱 나온다(虛而不屈 動而愈出)라고 했지요. 실제로 고은은 비어 있는 풀무와 같이 엄청난 문학적 양질의 생산성을 보여주었습니다. 이번 시집은 고은의 왕성한 생산성과 창작방법론의 현묘한 비밀을 '무위의 자화상'이란 명제로 일러주고 있다고 하겠습니다.

다음으로 황동규의 『연옥의 봄』에는 "풍경의 풍경"들이 중층적으로 펼쳐지고 있습니다. "풍경의 풍경"이란 "풍경"과 "풍경으로 끝나지 않는 풍경"을 가리킵니다. 이것은 가시적인 현상과 그 현상의 배면에 덧칠되어 있는 "옛 사진"처럼 "뒤로 제껴진 추억들"(「풍경의 풍경」) 그리고 다가올 미래의 인상들을 가리키는 것이지요. 그래서 그의 이번 시집에는 유난히 지난 시절의 몸과 마음의 기억과 더불어 죽음의 세계가 짙게 스며 있습니다. "죽음의 집 현관에 한발 들여" 놓은 위치에서 바라보는 삶과 죽음의 풍경들입니다. 그래서 그의 시편에는 과거와 미래, 현실과 환영, 이승과 저승이 '지금, 여기'에서 "수면 가득 앞서거니 뒤서거니 달려와 스러지는 잔물결들"(「잔물결들」)을 이루고 있습니다. 이를테면, "우리 같이 흙냄새 맡으며 걸은 길/섬세한 빗소리 속에 생각이 조금씩 밝아지다./옆에서 누군가 우산 쓰고 신발에 흙 묻히며/같이 걷고 있는 기척,/감각에 돋는 소름, 치수구나!"(「봄비」)라고 말하거나 "꿈에서 나오기 전 넌지시/너 있는 거긴 그래 견딜 만하냐? 물어볼 걸."(「견딜만해?」)이라고 말하기도 합니다. 이것은 그가 스스로 "천천히 삭다가 어느 날/있던 자리 깨끗이 비우는 삶"(「미래 더듬기」)의 국면을 살고 있다고 생각하기 때문입니다. 다시 말해, 죽음이라는 무의 지점을 선취하면서 "반짝이고 만 시간의 조각들"(「반짝이고 만 시간의 조각들」)의 잔상을 더욱 오롯이 느끼고 만나는 형국입니다. 그래서 그의 이번 시집은 어느 때보다 깊은 시간성을 호흡하고 있는 것으로 보입니다. 죽음의 선취가 죽음은 물론 삶을 더욱 각별하고 풍요롭게 감각화해 내고 있는 현장입니다.

신달자의 『북촌』은 '북촌'이란 장소성이 창작 주체입니다. '북촌'에 대해 모르는 사람도 없지만 제대로 아는 사람도 많지 않습니다. '북촌'은 분명 서울의 한가운데에 있지요. 그러나 가장 우리의 전통적인 정취와 풍모를 간직하고 있는 곳이기도 합니다. 그래서 서울의 한가운데에서 느끼는 아득한 옛 풍경이라는 역설의 지리학이 성립되는 곳입니다. 신달자는 바로 이러한 '북촌'의 장소감을 생생하게 살려내고 있습니다. 이를테면 '북촌'의 가을풍경을 보면 이렇습니다. "한옥 기와 모서리가/맨드라미 빛깔로 물들며 솟네/이 집 처마와/저 집 처마가/닭 벼슬 부딪치듯/사랑싸움을 하네"(「북촌 가을」). 서울이라는 거대 도시의 중심에서 만나는 고즈넉한 고전의 정감입니다. 이러한 '북촌'의 장소성의 상상적 잠재력은 풍요롭습니다. 이를테면 "북촌이 거창이라고/나는 한 사흘/아니 석 달 열흘을/모든 아름다움을 거창에 비유하게 되지/그리고 여기/내 엄마가 있다고 믿어 버리지"(「거창을 다녀왔다」)라고 노래합니다. '북촌'의 장소감은 고향 거창은 물론 '엄마'를 느낄 수도 있게 하는 것이지요. 이렇게 보면 '북촌'이란 무엇인가라고 다시 묻게 됩니다. '북촌'의 장소성은 어느새 "대한민국의 심장이나 폐 같은/실핏줄 하나도 곱게 다스리는/

바로 서울의 생명"이며 배꼽 같은 곳이 됩니다. '북촌'의 잠재적 가능성의 무한을 깨워내고 있는 것이지요. 겸재 정선(1676-1759)의 진경산수화 중에 서촌을 그린 「장동팔경첩」이 있었지요. 신달자는 이에 대응하는 "북촌8경첩"(「북촌8경」)을 "공일당空日堂"(「공일당空日堂」)의 필법으로 그리고 있는 것입니다.

유성호: 그렇다면 다음으로 나태주 선생과 도종환 선생의 시집에 대해 제가 이야기해보겠습니다. 『꽃 장엄』은 최근 우리에게 다양한 목소리를 들려주는 나태주 선생의 어떤 정점을 보여주는 시집입니다. 시인이 오랫동안 추구해온 '같이'의 시학 또는 '가치'의 시학은 삶과 시를 함께 아우르고 있습니다. 자연 사물과의 화응和應의 세계, 맑고 고운 순정에 바탕을 둔 서정시의 세계를 그려온 시인의 자연 사랑 풍경첩이라 할 만합니다. 그 점에서 나태주 시학은 이번 시집에서도 주제나 방법 면에서 완만한 일관성을 보이고 있다고 할 수 있습니다. 모든 자연 풍경에 대해 "자세히 보아야/예쁘다//오래 보아야 사랑스럽다//너도 그렇다"(「풀꽃」)라고 노래했던 가난한 마음, 그것이 나태주 시학의 지속적 브랜드가 되고 있는 것입니다. 하지만 나태주 시편이 우리에게 유의미하게 다가올 수 있는 근원적인 까닭은 그가 시의 의미론을 자연 지향에만 국한하지 않고, 인간의 삶과 죽음이라는 본질적인 영역으로 확장시키고 있기 때문입니다. 인간이 궁극적으로 우주와 합일하게 된다는 충일감의 정서를 독자들에게 전달함으로써, 선생은 낙타가 물을 찾아 사막의 길을 걸어가듯이 사랑을 찾아 세상의 길로 나아갑니다. 시인은 목마름과 팍팍함을 견디

면서 전진하는 사막의 낙타에게서 필멸의 존재로서의 인간의 숙명을 보고, 노경에 접어든 스스로의 인생을 되돌아보고 있습니다. 나아가 시인은 곡선의 미학을 통해 자연의 아름다움과 시간에 대한 깊이 있는 자의식을 보여줌으로써, 스스럼없이 시 안에서 자신을 지우고 시간의 흐름을 내보이는 일관된 작법으로 나아갑니다. 그러한 세계는 남은 생의 형식을 속보速步가 아닌 완보緩步로 삼고자 하는 시인의 작은 소망으로 나타나기도 합니다. 그것은 마치 새가 울고 꽃이 피는 것과 같은 자연의 리듬을 좇아 천천히 느리게 살아가는 삶의 자세를 은유합니다. 이는 여러 인위적 인간관계나 중첩된 역할 때문에 시간을 분절하고 그것을 또 효율적으로 배분하는 근대적 방식과는 달리, 그저 느린 흐름으로만 존재하는 시간을 경험하고 싶다는 시인의 소망이기도 할 것입니다.

그리고 도종환 시집 『사월 바다』입니다. 두루 알다시피 최근 도종환은 현실 정치인이 되어 우리 문화예술과 교육 분야에서 합리적 정책 입안을 하거나 권위주의적인 권력의 힘과 싸우는 모습을 보여주었습니다. 이를 두고 일부에서는 도종환을 아껴 안타까워하는 이들도 있고, 그동안 그가 지향해온 가치나 신념이 현실 정치 안에서 이루어지기를 간절히 바라는 이들도 있는 것 같습니다. 여기서 우리는 도종환에 대한 오랜 신뢰와 흠모와 동질감으로, 그의 '시'와 '정치'가 한 몸으로 결속해갈 것을 믿어봅니다. 물론 우리는 첫 시집으로부터 최근에 이르는 오랜 시간이, 그의 시와 삶 양쪽에 커다란 성취를 안겨준 게 아니냐고 짐작할 수도 있습니다. 하지만 그 시간들은 도종환 스스로에게는 너무도 힘든 고난의 나날이었다고 할 수 있습니다. 웬만한 영혼이라면 하나라도 버거운 것들 곧 혹독한 가난과 힘겨운 자립, 너무도 이른 아내의 죽음, 험난했던 교육운동과 구속, 복직과 지역운동, 시민운동, 느닷없이 찾아온 병과의 싸움, 정치의 질곡을 하나 하나 헤쳐 왔으니까요. 이제 우리는 다음의 '도종환'이 더욱 큰 시인으로 우뚝 설 것을 예감하게 됩니다. 시인이 이렇게 "경멸과 상극의 시간"(「여름 일기」)을 지나 "견탁見濁의 삿된 말들"(「화엄장정」)을 넘어설 수 있었던 것은, 그 스스로 늘 "곧게 떨어지지 않으면 안 되는 순간 앞에 서 있기 때문"(「폭포」)이었습니다. "시간과 시간 사이의 절제"(「새해 병상」)를 배우면서 "풀벌레만 알아듣고 함께 울어주던 밤"(「아름다운 세상」)을 함께 보낸 시인은, 우리 역사의 지울 수 없는 에포크가 될 세월호 참사에 대하여 "기도를 알게 한 것은 고통"(「슬픔의 통로」)이었음을 화인火印처럼 노래합니다. 이때 시는 정치와 분리된 순수 미학에 존재하지 않고, "진흙이야말로 존재의 바탕"(「시인의 말」)이라는 믿음 아래서 "몰염치에 맞서 떳떳하고 용기 있는 싸움"(박성우)을 수행하는 행동적 미학에 존재하게 됩니다. 그리고 도종환만의 '부드러운 직선'이 여기서 시적 구체성을 얻게 됩니다. 우리는 이번 시집에서 이러한 속성들이 더욱 확장되고 치열해지면서, 도종환의 시적 결기와 깨달음의 수심이 깊어져가고 있음을 바라보게 됩니다. 특별히 시인은 「서유기」 연작에서 세속적 탐진치貪瞋癡의 욕망을 치열하게 경계하는 새로운 음역音域도 선보였습니다. 이는 따로 분석해볼 만한 가치를 내장한 실례로서, 도종환 시학의 근본주의적 성찰 의지를 확연하게 보게 해줍니다. 오래도록 "별빛이 홀로 시의 스승"(「스승」)이었던 도종환은 이렇게

"저항이야말로 창조하는 정신"(「격렬한 희망」)임을 더욱 실감 있게 구현해가면서, '시인-정치인'으로서 역동적으로 선택하고 뉘우치고 나아갈 것입니다. 그리고 그것이 바로, 한국 시사에서는 드물기 짝이 없는, 구도와 세속을 통합한 '시-정치'의 길이 되어 줄 것입니다. 다음으로 나민애 선생님께서 서정춘 선생과 김혜순 선생의 시집에 대해 이야기해주시지요.

나민애: 우선 서정춘 시인의 시집 『이슬에 사무치다』부터 말씀드리겠습니다. 이 시집 전까지 서정춘 시인 하면 곧바로 떠오르는 시집은 『죽편』과 『봄, 파르티잔』 같은 시집입니다. 이 시집들은 처음 접했을 때 참 신선하고 특이하다는 생각을 하게 됩니다. 서정춘 시인은 짧고 굵게 탁탁, 치는 듯한 시를 쓰면서도 자기 할 말은 하는 독특함을 지니고 있습니다. 2012년경에 원로 시인들을 중심으로 한 극서정시 운동의 예를 봐도 알 수 있지만 사실 우리 시단에는 지나치게 산문화된 시에 대한 경계가 있고, 또 한편으로는 의도적으로 짧게 쓰는 시에 대한 호불호도 확실한 편입니다. 서정춘 시인이 짧은 시를 추구하는 것은 사실입니다. 이번 시집에서도 '시인의 말' 부분에 딱 한 줄 썼습니다. 그 내용인즉슨 "아하, 나는 시간보다 재능이 모자라 더 짧게는 못 썼소."라는 것이 다입니다. 다시 말해서 자신의 온 재능을 짧은 시에 바쳤다는 말이지요. '시인의 말'만 짧은 게 아니라 시집 목차도 짧습니다. 전체 수록 작품이 총 29편이예요. 수록 편수만 본다면 딱 1930년대 시집 스타일입니다. 저는 개인적으로 서정춘 시인의, 이 지나치게 짧은 시가 몹시 재미있습니다만 이 짧음이 그의 모

든 장기로 보여질까봐 우려되기에 한 말씀 보태려 합니다. 서정춘 시인의 시를 말할 때에는 굳이 시를 짧게 써야 하느냐 말아야 하느냐의 문제를 떠나 그의 더 본질적인 장기에 주목할 필요가 있습니다. 서정춘의 시는 발견의 기쁨을 느끼게 해줍니다. 우선 시인이 그 기쁨을 알고 있고, 다음으로 읽는 이도 시인의 기쁨을 더불어 느낄 수 있습니다. 이것이 바로 서정춘 시의 매력입니다. 그리고 『이슬에 사무치다』 역시 이 연장선상에 놓여 있습니다. 신간 시집은 그가 발견이라는 자기 장기에 매진한 결과물이라고 볼 수 있습니다. '발견'의 신선함이 서정춘 시인의 특기이자 동시에 원천인 것은 그의 등단 시절을 보면 알 수 있습니다. 1968년, 시인은 「잠자리 날다」라는 작품으로 등단했습니다. 이 시의 "물맛 나는 시과 빛깔"이라는 구절에서 선자 서정주 시인이 무릎을 쳤다고 합니다. 시과는 단풍과의 씨앗인데 마치 잠자리 날개처럼 얇게 생겨 멀리 멀리 날아가기도 하지요. 지금까지 과연 몇 시인이나 시과에 주목했을까요. 드문 시과의 빛깔을 잠자리와 엮어 찾아온 발견이야말로 서정춘 시인의 특기라고 할 수 있습니다. 이번 신작시집에는 시인의 원래 스타일에 비해 유난히 길게 쓴 작품이 하나 있습니다. 작품명이 「이슬에 사무치다」이고, 이 시가 시집의 표제가 되기도 했지요. 그 작품에는 "나는 이슬방울만 보면 돋보기까지 갖고 싶어지다/나는 이슬방울만 보면 나도 돋보기만한 이슬방울이고/이슬방울 속의 살점이고 싶다"는 구절이 있습니다. 그는 '보는 자' 내지 '발견하는 자'로서의 자신을 이 시에서 선언합니다. 아마도 그 선언에 달린 마음의 크기가 이 시를 이례적으로 길게 만들었지 않았나 생각합니다. 그의 시를 볼 때면 나이든 할아버지의 모습이 보이지 않고 생기발

랄한 소년의 모습이 보입니다. 이를테면 이 시집(시 「육명심」)에 등장하기도 하는 '소년 파르티잔'이 바로 시인 자신이라고 할 수 있습니다. 앞으로도 시인은 계속 '소년 파르티잔'의 전투적인 발견을 시적으로 이루어나갈 것입니다. 이번 시집에 "하늘은 시원고 청탁서다/마감날도 없다/죽을 때까지 써도/안 써도/원고료만큼은 얼마든 노다지다"(시 「하늘」)라고 써 놓은 것이 바로 그 근거입니다.

다음으로 상당히 특이한 제목의 시집, 김혜순 시인의 『피어라 돼지』를 살펴보겠습니다. 원래 김혜순 시인의 작품을 읽다보면 풍성한 이미지들을 얻게 됩니다. 그런데 이 '풍성함'이란 설명이 필요한 '풍성함'입니다. 김혜순의 경우에는 풍성함이 풍요를 말하는 것이 아니기 때문입니다. 향연이되 처절함과 격렬함의 향연인 듯이 그의 시는 진하고 강렬합니다. 마치 프리다칼로의 초현실주의 버전 같습니다. 이번 시집은 특히 절규의 현장이 실제적이고 그 현장에 대한 시인의 관심이 집요하다는 점에서 주목할 수 있습니다. 강렬한 색채보다는 죽어가는 소리, 청각적 부분이 더 우세한 시집이어서 마치 '단말마'와도 같은 시집입니다. 읽기 전에는 대체 시집 제목이 무엇을 말하는 것일까 궁금합니다. 돼지란 비천함의 주체를 은유한 것일까 생각도 하게 되고요. 그런데 이 시집의 돼지는 우선 정말 우리가 알고 있는 명사이자 동물로서의 그 '돼지'가 맞습니다. 나아가 그 '돼지'가 아니기도 합니다. 우선 돼지가 맞는다는 말은 시집이 구제역으로 인해 생매장된 돼지들을 담고 있기 때문입니다. 시집을 열자마자 「돼지라서 괜찮아」라는 시가 나오는데 이 시의 기획이랄까 규모가 상당합니다. 목차에 보면 1부가 '돼지라서 괜찮아'이고 그 밑에 15편의 시가 수록되어 있는데 사실 이 15편의 시가 모여서 한 편의 시 「돼지라서 괜찮아」가 됩니다. 연작들이 모여서 한 편의 장편을 이루고 있는 셈입니다. 바로 이 장편의 기저에 구제역 파동으로 생매장되는 돼지가 깔려 있습니다. 현장이 있던 사람들, 영상을 보고 경악했던 많은 사람들, 실제 자료를 보면서 종교적이며 사회적인 행사를 진행했던 사람들이 우울증에 시달리기도 했던 사건이죠. 당시에 구제역 파동을 다룬 시가 여러 시인들에 의해서 발표되기도 했었습니다. 그런데 김혜순의 시는 그에 대한 사후적 반응이 아니라, 여전한 현재진행형의 반응이라는 점에서 주목할 수 있습니다. 사회적으로는 몇 년 전의 일로 이미 종료가 된 사건이지만 이 시인의 시에서는 지금도 죽음의 단말마가 들리고 있습니다. 돼지는 아직 죽지 않았고 시 속에서 계속 죽어가는 과정 중에 있습니다. 김혜순 시인은 주로 다성적인 화법을 활용하면서 때때로 내려지는 목소리를 입고 시를 토해내는데 이번에 선택된 목소리는 '돼지'입니다. 사실 시인이 선택한 것이 아니라, 시인이 선택되었다고 보는 편이 맞습니다. 김혜순 시인은 눈과 귀, 감각을 세상을 향해 무차별적으로 열어놓고 들려오는 모든 소리를 감지하려고 하는 것 같습니다. 그 중에서도 특히 시인은 자기 내면과 공명되는 괴성, 고성, 악성 등에 특히 민감합니다. 그리고 이번에 시인의 열려진 레이더에 들어온 것은 돼지였던 겁니다. 돼지의 죽어가는 소리가 시대/역사/성별/내면의 문제와 겹쳐져 시인을 흔들었고, 이것을 어떻게든 시로 말하지 못하면 너무나도 시가 부끄러워진다고 그는 생각했습니다. 시인의 말에 보면 "시의 체면을 세워주기가 너무도 힘든 시절이었

다"는 구절이 있는데 이 시집을 통해서나마 시의 부끄러움을 메우고 싶다는 말로 들립니다. 이 시집이 다시금 흥미로운 부분은 구제역의 돼지로 출발하지만 이로 비롯된 문제의식이 시인의 문학적 문제의식과 결합되었다는 점입니다. 그래서 이 시집의 '돼지'는 돼지가 아니기도 합니다. 시인은 '실제 돼지의 목소리-돼지가 아니지만 돼지로 취급받는 한 여성의 말-실제 돼지의 상상된 언어-돼지가 아니지만 돼지로 취급받는 한 여성의 말…' 이런 식으로 다른 화자를 교차 반복하는 시를 썼습니다. 다른 화자이지만 이 화자의 처지는 공통점을 가지고 있습니다. 시인은 비천한 돼지와 우월한 인간의 간극을 없애버립니다. 그래서 죽어가는 돼지와 그런 돼지만도 못한 처지의 인간을 시에 더불어 담고 있습니다. 1부이자 한 편의 장편으로 생각할 수 있는 「돼지라서 괜찮아」 부분에서 핵심적인 육성의 세 버전을 뽑는다면 "내가 돼지야"와 "내가 돼지! 돼지! 울부짖는 밤", 그리고 "피어라 돼지! 날아라 돼지!"를 들 수 있습니다. 이 세 구절을 각각 풀이하자면 돼지(적인) 독백, 돼지(적인) 죽어감, 그런 현실에 대한 시인의 전언이라고 할 수 있겠습니다. 이 세 가지 요소가 그의 이번 시집을 이끈 핵심 원동력입니다. 결론적으로 이 시집에는 시인의 '마스터피스' 격 작품이 포함되어 있습니다. 나아가 이 시집은 사회적 아픔에 대한 문학의 반응이 어떤 방식이 되어야 하는가의 고민을 담고 있습니다. 즉 문학의 사회적 발언과 동조란 단발적인 언급이 아니라 사건이 진행형으로서 현실에 도래하게 해야 한다는 것, 이 시집은 이러한 문학의 선택을 상징적으로 보여주기도 합니다.

중견 시인들의 세계

유성호: 다음으로 중견 시인들인데요. 먼저 나민애 선생님께서 송찬호 시집에 대해 이야기해주세요.

나민애: 초반에 중견 시인의 약진을 말씀해주셨는데요. 그 중에서도 송찬호 시인의 시집에 대해 주목할 필요가 있습니다. 그의 시세계의 흐름을 보더라도 이 시집은 이전과는 분위기나 성격 면에서 변화가 시도되었다고 할 수 있습니다. 아마 시인 개인의 입장에서도 이 시집에 유독 애착을 가지고 있을 것이라 생각합니다. 왜냐하면 이 시집에는 한 인간으로서의 시인이 자신의 개인적

역사를 상당히 많이 털어 넣었기 때문입니다. 송찬호 시인에게서 자신의 원천, 타고난 운명, 살아가는 날들의 아픔 같은 것들이 이 시집만큼이나 많이 말해진 적이 없습니다. 다시 말해서 한 인간이 핏줄처럼 애착하는 것들이 이 시집에는 많이 들어 있습니다. 내면의 핏방울들이 들어 있기 때문에 이 시집의 제목 역시 '분홍'이 된 겁니다. 시집은 특별하게 쓸쓸하고 아름답습니다. 그 중에서도 쓸쓸하기로는 '두부', 아름답기로는 '복숭아', 쓸쓸하고 아름답기로는 '나막신'을 들 수 있습니다. 두부는 시 「두부집에서」에 나옵니다. "사내는 두부를 먹다 목이 메네"로 시작하는 이 시는 정말 눈물 젖은 두부를 먹어보지 않은 사람은 못 쓸 것 같습니다. 그리고 시는 "허리 구부정하기에는 아직 이른 한낮/바람조차 소슬하다네/모퉁이 두부집에서/한때 날리던 이름의 깡패두부를 먹어보는 일"이라고 끝납니다. 이 구절에 등장하는 모든 조건들이 중년의 고독이란 무엇인지 여실히 보여줍니다. 다음으로 「복숭아」라는 시편은 한 시인이 자신의 뿌리를 돌아보는, 원천에 대한 확인 작업입니다. 시인은 모모타로 동자에 착안, 태어날 때부터의 운명적 문학관을 밝힙니다. "그때 난 온통 분홍이었다/다른 먼 세계에서 피를 가져오느라/내 몸은 멍들고 부풀어 있었다"는 구절은 몹시 비장해 보입니다. 몸으로 먼 세계에서 피를 가져와 나르는 것을 시인은 자신의 문학적 소임으로 생각하고 있는 듯합니다. 이번 시집이 부드럽고 환상적이어서 혹자는 송찬호 시인의 철학적이고 사색적인 특징이 모호해지지 않았나 비판할 수도 있습니다. 분명 이번 시집의 특징은 환상성입니다. 환상성은 특히나 사랑에 관련된 작품들에 자주 등장합니다. 환상적이고 아름다운 사랑의 속삭임이 들리는데 그것이 다 환상이었다니 잃은 상실감이 더욱 크게 느껴집니다. 그런데 이때의 상실감을 무력한 태도로 이해하는 데에는 동의할 수 없습니다. 이번 시집에서 사랑이나 사랑의 대상이 언급될 때에도 사실 그 사랑의 대상이 있고 없고는 결정적인 문제가 아닙니다. 사랑의 대상은 거의 다 상실되었지만, 화자의 태도는 그에 상관없이 여전히 사랑한다는 쪽입니다. 즉, 이 시집의 결론은 상실이 아니라 상실에도 불구하고 사랑을 지속하겠다는 약속입니다. 특히 이 시집의 표제가 된 「분홍 나막신」이 그렇습니다. 저는 이 사랑의 약속이 핑크빛 로맨틱이 아니라, 문학과 삶에 대한 무한한 애정과 긍정으로 읽습니다. 특히나 이 시집에 고루 실려 있는 시인으로서의 자기 정체성에 관한 시들을 읽으면 환상성 아래 감춰진, 문학 자체에 대한 단호한 결의를 느낄 수 있습니다.

유성호: 다음으로 홍용희 선생님께서 장철문, 허연 시집에 대해 이야기해주시지요.

홍용희: 장철문의 네 번째 시집 『비유의 바깥』은 비유의 바깥 혹은 비유를 건너뛰어, 비유로부터 자유로운 '관입시작삼매觀入詩作三昧'를 구가하고자 합니다. 이를테면 '산은 산이요 물은 물이로다.' 라고 말하는 세계이지요. 시선을 밖으로 배회하지 않고 곧 바로 본체를 직시하고 향유하고자 하는 것입니다. 장철문은 첫 시집 『바람의 서쪽』에서부터 독특한 자신만의 시적 걸음걸이를 보여 왔지요. 저는 그 당시 그의 시세계에 대해 마치 꽉 막힌 도시의 거리를 자전거로 무연하게 가로질러 가는 풍경을 떠올리게 한다

고 어딘가에 썼던 기억이 납니다. 실제로 그의 시편들에는 현란한 비유의 단청이 거의 없습니다. 이를테면 "달이 참 좋다"(「창을 함께 닫다」), "단풍은 떠내려가고, 연어는 치고 올라온다"(「프레이저 강에 와서」), "유홍준이 멧돼지를 잡았다 맨손으로 돌팍을 던져서 잡았다"(「유홍준은 나쁜 놈이다」) 등과 같습니다. 비유가 있다 해도 희미하고 말갛고 질박합니다. 이를테면 "얘들아, 저 도라지꽃만큼만 당당하자"(「야외 수업」), "너와 내가 누워 있다/개펄처럼 누워 있다"(「아담과 이브처럼」) 식이지요. 그래서 그의 시편들은 심심하고 담백한 무채색이 주조를 이룹니다. 선禪과 여백, 혹은 공의 미의식을 그는 소재주의 차원이 아니라 형식미학으로 이미 체현하고 있는 것입니다. 신진 때부터 보여준 원융과 무애의 고졸한 미감이 더욱 숙성되고 있다는 생각입니다.

반면에 『불온한 검은 피』와 『나쁜 소년이 서 있다』로 출발한 허연은 여전히 "불온한" "소년"의 얼굴을 하고 있습니다. 그는 『오십 미터』에서 그리움을 앓는 소년의 아픔을 "엎어지면 코 닿는 오십 미터" 거리에서 명징하게 그려 보이고 있습니다. "마음이 가난한 자는 소년으로 살고, 늘 그리워하는 병에 걸린다"(「오십 미터」)고 그는 쓰고 있습니다. 이것은 그리워하는 병에 걸린 자는 마음이 가난해지고 소년으로 살게 된다는 말로 바꿀 수도 있을 것입니다. 과연 이번 시집은 소년의 맑고 청신하고 내밀한 감각과 감수성의 결을 보여줍니다. "모든 걸 가장 먼저 알아채는 건 눈물이라고/난 소포를 뜯기도 전에/눈물을 흘렸다"(「북회귀선에서 온 소포」), "깨어진 기왓장 틈새로/마지막 햇살이 잔인하게 빛났다"(「사십구제」), "칠흑 같은 까마귀들이 다스리는 구역. 숨을 쉬면 가슴이 타버릴 듯 뜨거웠다."(「나의 몽유도원」) 등의 표현들은 총총하고 순정한 소년의 표정과 감각을 떠올리게 합니다. 중견의 시인이 더욱 젊어지고 있는 현장이지요. 그의 이러한 시적 표현들은 "세상을 빗살무늬처럼 가늘게 찢어"서 "필름 한 칸 한 칸에"(「세일 극장」) 나누어 담아 반사시키기 때문에 가능합니다. 그래서 그의 시적 언어들은 사금파리처럼 견고하고 강렬합니다. 그의 시편 도처에 날카롭게 번뜩이는 에피그램이 등장하는 까닭이 여기에 있습니다. 찰리 채플린이 그랬던가요. 인생은 가까이서 보면 비극이고 멀리서 보면 희극이라고. 허연의 시편들은 비장한 파문을 온몸으로 생생하게 느끼는 오십 미터 근거리에서 묘파하는 비극적 드라마입니다.

신진 시인들의 세계

유성호: 이제 비교적 젊은 시인들의 시집을 들여다볼 차례입니다. 나민애 선생님께서 김민정, 이장욱, 길상호 시집에 대해 이야기해주시지요.

나민애: 먼저 김민정 시인의 시집에 대해 이야기하겠습니다. 시집 『아름답고 쓸모없기를』에는 젊은 문화의 화법적 기술이 시와 결합된 양상을 찾아볼 수 있습니다. 이를테면 「수단과 방법으로 배워갑니다」라는 시를 예로 들 수 있습니다. 이 시는 4개의 연으로 되어 있는데 순서대로 아버지의 메일, 한 시인의 카톡, 한 화가

의 문자, 편집자와의 채팅을 옮겨온 것입니다. 스크랩처럼 뽑아온 선택은 시인의 몫이고, 몽타주처럼 배열한 방식 역시 시인의 의도를 담고 있습니다. 그리고 그 선택과 구성 외에 우리가 주목해야 할 것은 메일, 카톡, 문자, 심지어 채팅까지 시가 되는 실험적인 시도입니다. 카톡 등 디지털 의사소통 방식은 일상의 중요한 부분이지만 순식간에 잊혀지고 삭제됩니다. 워낙 빠른 속도로 새로운 대화와 교류가 생기다보니 과거의 말은 LTE급 속도로 무의미해지고는 합니다. 그리고 시인은 그 중간을 끊어서 시로 만든 겁니다. 이 부분이 현대인의 일상과 시적 가능성을 연결한 중요한 시도가 아닌가 생각됩니다. 최근 트렌디한 드라마를 볼 때는 화면 옆에 말풍선, 효과음, 상상 캐릭터가 끼어든다거나 문자와 채팅창이 노출되는 연출을 볼 수 있는데 이 장면들은 이해력과 재미를 높이죠. 영상 편집물의 효과를 김민정 시인의 시집에서도 볼 수 있습니다. 그의 시를 읽고 있으면 분명 종이에 쓰인 문자를 읽고 있는 중인데도 그 위를 날아다니는 핸드폰 문자창, 카톡창이 비주얼 지원된다는 말입니다. 댓글이 휙휙 위로 밀려 올라가면서 의사소통이 진행되는 과정이 이미 뇌에 탑재된 현대인, 특히 젊은 독자들에게는 김민정 시인의 시가 고상해야 마땅할 문예의 일종이 아니게 되는 것입니다. 과거 황지우의 「심인」이 무심코 눈에 들어온 광고 문안에 무심하지 않은 의도를 담았던 것과 비슷하고 또 다릅니다. 김민정의 시는 맥락 있게 작성된 디지털 텍스트를 맥락 없도록 재구성한 모더니즘적 작업입니다. 키보드에 익숙한 세대의 Ctrl+C, Ctrl+X, Ctrl+V(복사하기, 잘라내기, 붙여넣기)의 위력을 시적으로 전유한 센스에 의미를 두고 싶습니다. 한 가지 더 말씀드리자면 이 시집에는 비슷한 말, 연상되는 말, 일부러 오해하는 말, 그냥 오해한 말 등의 연결이 놀라울 정도로 매끄럽습니다. 농담 같지만 농담이 아니고 가벼운 듯하지만 촌철살인이 있습니다. "생강더미에서 생강을 고른다/생강을 고르는 건/생강을 생각하는 일…가장 착하게 똑 부러져 버릴 줄 아는 생각"이라는 시가 있는데 이 시의 제목은 생각도 아니고 생강도 아니고「상강」입니다. 만담인 듯 농담인 듯 하지만 읽어보면 진담이 섞여 있는 등, 소위 반전 있는 작품들이 많습니다. 때문에 지나치게 진지한 경향에 관심이 없는 세대, 젊은 언어의 소통 방식과 그 안에서 소비되는 언어에 익숙한 세대에게 특히 신선한 시집이라고 할 수 있습니다.

다음으로 이장욱 시인의 시집『영원이 아니라서 가능한』에 대해 말하겠습니다.『아름답고 쓸모없기를』이라는 멋진 제목을 뽑은 김민정 시인의 경우도 그러하지만, 이장욱 시인 역시 제목을 취하는 능력이 탁월합니다. 목차를 보면 알 수 있는데, 시의 제목들이 대체적으로 알쏭달쏭하면서 궁금해지는, 감각적인 제목들입니다. 그 중에서도 요즘 말로 가장 '열일' 하고 있는 제목은 역시 시집 제목입니다. "영원이 아니라서 가능한"이라는 말은 읽는 이의 상상력을 깨워주는 제목입니다. 나아가 이 제목을 염두에 두고 시집을 읽으면 한결 방향성이 명확해집니다. 시인은 분명히 '영원이 아닌 것들'을 찾지 말기를 바랄 텐데, 독자들은 시집을 읽으며 바로 그 '영원이 아닌 것들'을 찾게 됩니다. 마치 앤디 워홀이 자기 그림 속에 아무 의미도 없다고 말한 바, 후대인들이 그 아무 의미도 없는 것의 의미를 찾고 있는 것과 같습니다. 그런데 "나는 생각한다, 고로/존재하지 않을 것이다"(「샌드 페인팅」)처럼 시인은 존재하지 않음에 대해서 이야기하려 하고, "영숙은 마음을 읽고 싶지 않았다"(「영숙의 독심술」)처럼 그는 애써 읽고 싶지 않아 합니다. "감쪽같이 사라지는"(「교차로」) 것들에 자동적으로 관심이 가는 시인은 불확실성, 모호함, 맹세와 약속의 반대, 이미 이루어지지 않은 것들 속에 거처합니다. 그래서 이 시집을 한 마디로 표현하자면, '멀고 외롭고 사라지는 것' 입니다. 분명 어떤 얼굴이나 형체가 보이는 것 같은데 그것의 윤곽과 형태는 이미 사라지고 있어요. 그래서 찾으려고 하면 더욱 사라져 버리는 잔재를 보게 됩니다. 사라지는 것은 얼마나 신비스럽습니까. 사라지니까 더욱 좇고 싶고 보고 싶습니다. 이 시는 사라지는 도중의 그 아지랑이 같은 매력을 집중적으로 느끼게 해줍니다. 나아가 이 시집의 제목이 '영원하지 않은 것들'이 아니라 그 '가능한'이라는 점에 주목하고 싶습니다. 이장욱의 이번 시집은 사라지는 것을 사라지게 두는 시이기 때문에 읽는 입장에서는 오히려 사라짐의 존재 증명서가 되고 있습니다. 그리고 그의 시에 흩어지는, 스스로 사라지기를 원하는 이미지가 가득하기 때문에 시의 첫 행부터 끝 행까지 유기적인 이미지를 남기는 독서가 불가능하지만, 시를 읽고 나서 무엇인가가 분명히 남습니다. 우선, 영원하지 않은 것이 남긴 자국이 감각과 인상을 남기죠. 그리고 마치 윤회처럼 사라짐이 되풀이되는 사이에 어떤 존재가 계속 태어난다는 느낌을 받습니다. 이 신비함에 더불어 따뜻함의 증가에 주목하고 싶습니다. 이장욱 시인이 따뜻함이나 풍성함을 중시하는 시인은 아니라고 생각했는데 이번 시집에서는 조금 더 부드러워지는 느낌을 받았습니다. 차갑고 아이러니컬한 감각의 충격이 여전한 시집입니다만 「손톱 바다」라든가 「월인천강」에 스미는 부드러운 물과 달빛이 이 시집을 보다 촉촉하게 만들고 있습니다.

다음으로 길상호 시인의 시집 『우리의 죄는 야옹』을 보겠습니다. 길상호 시인은 시의 언어적 측면에 대해서 관심이 많은 시인입니다. 이번 시집에서 그 관심은 내면 언어, 말로 표현할 수 없는 대상의 언어로 심층화되었다고 볼 수 있습니다. 원래 시인은 시를 쓰면 쓸수록 예전보다 더 나은 시를 쓰고 싶어 노력하는 사람입니다. 전문적인 시인이 되어갈수록 그 갈증은 더 합니다. 시인이 자기 시의 미래를 고심하는 것은 사물과 세계의 발견, 감정의 다각화, 그리고 언어에 대한 공부 등의 구체화로 나갈 수밖에 없는데 길상호 시인의 이번 시집이 바로 그 고심을 담고 있습니다. '우리의 죄는 야옹' 이라는 시집 제목이 상징적입니다. 사람은 고양이의 말을 알아들을 수 없지요. 그런데 이는 시인이 알아들을 수 없는 대상의 언어를 알아듣기 위해 노력한다는 말로도 이해됩니다. 이것이 이번 시집의 지향점이 되겠습니다. 그러면서 길상호 시인은 언어로 채 해석되지 못한 언어들이 남아 마음으로 전해질 것이라고 말합니다. 듣고 싶은 언어가 다 들릴 수 없으리라는 것이지요. 이 부분 역시 언어 내지 언어화에 대한 그의 관심으로 읽힙니다. 그런데 왜 다 들을 수 없다고 말하는 것일까요. 이번 시집에서 흥미로운 부분은 전반에 걸쳐 '야옹' 류의 유형, 즉 음성 언어에 대한 기록이 거의 없다는 점입니다. 소리를 듣겠다는 그가 다루고 있는 것들은 대개 소리 없는 대상들입니다. 바로 이 점, 소리를 지니지 않은 대상들의 소리를 듣겠다는 의도에서 가라앉은 언어, 심층화된 언어를 생각할 수 있습니다. 시인의 언어 읽기 시도는 「물먹은 책」, 「썩은 책」, 「연못의 독서」 등 읽기를 기반으로 한 시들을 통해서도 드러나고 관찰을 관조적으로 행하는 시들에서도 드러납니다. 길상호 시인도 등단한 지 벌써 15년이 넘었습니다. 어느 분야든 매진한 지 15년이면 매너리즘에 빠지기도 쉽고 모색의 원동력이 떨어지기도 쉬운 때이죠. 치열하지 않아도 시가 써지는 이 시점이 누구에게든 위기일 수도 있습니다. 길상호 시인은 이러한 위기를 경계하기 위해 공부하는 시인으로 보입니다. 이번 시집은 시인이 자기 발전을 꾀하는 과정을 확인하게 하면서 2000년대 초반에 등단한 시인들의 현재 초상을 대표적으로 보여주는 시집이라고 하겠습니다. 그들 모두 자기의 과거 시와 현재 씌어지는 다른 새로운 시와 경쟁해야 하는 위치에 놓여 있으니까요.

유성호: 홍용희 선생님께서는 이번에 첫 시집을 낸 이선균 시인에 대해 이야기해주시지요.

홍용희: 이선균의 『언뜻』은 단정하고 결곡한 정서와 언어로 수놓아져 있습니다. 그래서 시적 형식이나 내용이 대체로 반듯하고 선명합니다. 특히 객관적인 외부 세계를 내적 정서로 치환시켜 주제 의식을 심화시켜나가는 방법론이 착실하게 적용되고 있습니다. 물론 이러한 교과서적인 창작방법론이란 다소 답답하기 쉽지요. 그러나 이선균의 시편은 이러한 기우에 갇히지 않습니다. 그것은 그의 시편들이 대부분 간곡한 체험적 진정성을 통해 세계의 자아화를 내밀하게 이루어 내고 있기 때문이지요. 이를테면 "혼자 육남매를 낳고도 손수 미역국 끓이던 엄마."의 이미지

를 "저 바다도 홀로 산고産苦 치르네/안개 뒤집어쓰고 몸 뒤트는 소리"와 결부시켜 "엄마는 무수한 엄마가 되어 젖고 젖었지"(「붉게, 젖다」)라고 노래합니다. 그래서 엄마의 삶에 대한 회억의 장을 "파도"처럼 되살아나게 하고 있지요. 또한 "현관문 밖 도시가스 검침표"가 바닥을 치는 자리에서 "여자"의 죽음을 읽으며 "사라져가는 것들의 온기"(「사라져가는 것들의 온기」)를 읽는 대목도 처연한 정감을 배가시킵니다. 그의 이와 같은 규범적인 창작 방법론은 체험적 진정성의 밀도와 긴장감이 높을 때 시적 성취도 역시 높아집니다. 반면에 그렇지 못할 때 평이하고 상투적인 차원으로 떨어지기 쉽지요. 시집 후반부에 다소 미적 거리가 멀어지고 추상적이 되면서 노출되는 시적 정감의 약화와 이완이 이를 보여준다고 할 것입니다. 규범적인 서정시 양식의 가능성과 한계를 두루 환기시킨다고 할 수 있겠군요.

정형시의 미학

유성호: 다음으로 제가 시조 쪽의 이승은, 홍성란, 이달균, 이종문 시집에 대해 이야기해보겠습니다. 먼저 이승은 시인의 『얼음 동백』은 단시조만을 묶은 시집입니다. 두루 알다시피 단시조는 단단한 함축성으로 시조 미학의 백미를 보여줍니다. 특별히 이승은의 단수 미학은 삶의 가라앉음과 솟구침, 따뜻함과 서늘함, 피어남과 이울어감, 구심과 원심의 상상력을 결속하면서 아름답게 번져갑니다. 어느 것을 인용하여도 좋을 균질성으로 가득한 이번

시집은 그렇게 언어 경제의 정수인 단시조 미학을 유감없이 보여줍니다. 그 빛나는 순간들의 집성集成으로 이번 단시조집은 우리 시조시단에 오래도록 남을 것입니다. 그런가 하면 이번 시집은 섬세하게 살아 있는 감정들을 순간적으로 잡아내고 또 감각적으로 형상화한 결과이기도 합니다. 시인은 순간의 미학에 충실하면서 사물을 피사체의 이미지로 적극 구성해냅니다. 그럼으로써 이승은의 단시조는 완미한 정형 미학 안에 격정과 내성內省을 충실하게 결속해낸 심미적 감각의 기록으로 진화합니다. 많은 시조시인들이 비교적 가라앉아 있는 평면적 목소리를 발화하고 있는 데 비해, 이승은의 시조는 한편에서는 활달하게 피어오르고, 한편에서는 견고한 내성으로 침잠해 들어가기도 합니다. 이처럼 굴곡과 확산을 거듭하는 이승은의 시적 운용은, 현대시조가 운명적으로 안고 있는 이중의 존재 조건에 대한 충실하고도 섬세한 탐색의 소산이라 할 수 있겠습니다. 그 점에서 이승은 시인은, 소재와 의식의 다양한 확산을 통해 정신주의적 편향을 한껏 넘어서고 있고, 시조 형식에 대해 부단한 탄력을 부여하여 새로운 율격의 다양성을 보여줌으로써 최근 자유시가 드러내는 율격 훼손의 반시적反詩的 징후에 저항하고 있습니다. 더불어 이승은 시인의 음역音域 가운데, 타자他者의 삶에 대한 충실한 관찰과 그들을 향해 퍼져가는 사랑의 기운을 빼놓을 수 없겠습니다.

홍성란 시인의 『바람의 머리카락』은 크게 5부로 나뉜 시집입니다. 제1부에는 '조운문학상' 수상작과 시인의 대표작이 실려 있습니다. 한국 시조시단의 품과 격을 대변하는 스케일과 내질內質을 품고 있는 결실이 아닐 수 없습니다. 홍성란 시인이 최근 보여주는 개개 시편의 미적 성취와 시조 양식에 대한 메타적 사유 및 비평적 실천은 개인적 차원의 열정과 헌신을 입증해온 동시에 우리 시조 시단의 언어적 수위를 높여온 대표적 사례일 것입니다. 그녀의 시학의 기둥은 '시간'의 존재론에 대한 아득한 탐색과, '사물'을 향한 감각적 열망에 놓입니다. 그 탐색의 열망이 깊어지면서, 시조라는 양식의 보수성을 일거에 날려버리는 시인의 진취적이고 도전적인 미학적 모험이 감행되는 것입니다. 이러한 속성과 실질을 시인은 새삼 확인해갑니다. 그만큼 홍성란 시학의 깊은 존재론적 탐색과 민활하고도 구체적인 감각적 진경進境은 우리 시조 양식의 확장과 개척은 물론, 보수적이라고 치지도외할 수 있는 시조 양식의 외관과 실질을 섬세하게 내파內破하고 그것을 미학적으로 재구성하는 과정을 첨예하게 보여준다 할 것입니다. 결국 홍성란 시조는 옛 시조의 구어적口語的 에너지와 그것의 현대적 변용을 견지하면서 시조가 지금도 현대적 감각으로 소통 가능한 양식임을 첨예하게 증명하고 있습니다. 또한 이는 홍성란 시조가 일종의 사회적 상상력을 적극 담아내고 있고, 시조 시단의 어떤 빈곤한 영역을 적극 굴착하고 있음을 입증하는 사례가 된다고도 할 수 있을 것입니다. 이처럼 홍성란은 시조의 시조다움을 확장하고 다양화하는 데 적극적으로 기여하면서, 시조 양식의 외연을 넓히며 동시에 그 오래된 정체성을 지켜가는 창조적 긴장을 수행하고 있습니다. 현대시조가 그 특유의 율격적 장치를 지켜가면서 다양하게 변이되는 형식 자질들을 통해 그 미래를 열어갈 것이라고 할 때, 홍성란 시학은 사물과 내면의 결합 그리고 다양한 형식에 대한 의지를 통해, 그리고 시조의 양식적 완결성과 가능성을 동시에 통합하면서 그만의 세계를 개척

해갈 것입니다.

 이달균 시집 『늙은 사자』는, 시조문학의 본령인 정형의 형식을 충실하게 유지, 확산시키면서 우리의 생의 본질적 형식을 응시하고 그 안에서 삶의 중요로운 비의秘義를 발견하는 시인의 눈을 풍요롭게 담고 있습니다. 다시 말하면 이달균 시인이 바라보는 세계는, 객관적 풍경으로만 존재하는 어떤 것이 아니라 주체와 대상이 적극적인 관계를 형성하고 관철하는 복합성의 세계입니다. 표제작은 '사자'로 비유되는 야성의 한 생이 존재론적 소실점을 향해 느릿느릿 걸어가는 과정을 선명하고 구체적인 감각으로 묘사해낸 점이 돋보입니다. 이달균 특유의 호활한 어법과 이미지가 잘 살아 있는 작품이 아닐 수 없습니다. 이렇게 이달균 시인은 우리 안에서 왜곡된 관계를 다시 복원하면서, 그 복원된 관계가 우리 생의 형식을 온전히 이룰 것임을 말해갑니다. 그 세계를 단단히 응시하면서 그 안으로 적극 참여해 들어가는 언어를 우리에게 보여주고 있는 것입니다. 이달균 시인이 추구하고 있는 이러한 시 세계는 매우 우리에게 시사적입니다. 일단 그는 율격의 단단함을 버리지 않습니다. 시조 율격을 유지, 확산하면서 시조가 아니면 안 되는 율격적 정체성을 잘 지켜가고 있습니다. 게다가 그는 시조 안에 현대인의 절망과 꿈, 우수와 비극성을 담고 있습니다. 소진되어가는 것들에 대한 한없는 애정으로 우리 생을 이루는 여러 비극적 형식들에 대해 응시하고 참여합니다. 결코 국외자적 관찰로 머물지 않는 그의 적극적인 태도가 그의 시가 보여주는 비극성을 더 미덥게 하고 있습니다. 그 세계에 우리도 참여하여 동질감을 느끼게 됩니다. 이번 제6시집은 이처럼 자아와 세계를 이으려는 시인의 열정이 담겨 있고, 우리는 선이 굵고 강한 마음의 움직임을 나타낸 시인이 의지를 읽을 수 있습니다.

　이종문의 시집 『아버지가 서 계시네』는 실험적 열정을 많이 줄이면서 균형과 정형의 양식적 결속을 통한 동일성의 미학을 세련되게 보여주는 사례라 할 것입니다. 지난번 시집 『묵 값은 내가 낼게』에서 시인은 독특한 운율과 행갈이 즉 운율과 의미적 뉘앙스에 따른 행간 배치를 통해 자유자재한 형식과 어법을 보여준 바 있습니다. 이번에는 이러한 실험성을 많이 덜어내면서, 그만의 독특한 사유와 감각을 통해 이종문 시학의 성숙 지표를 보여줍니다. 그것이 그만의 인상적인 감각들을 수용하는 시조 형식의 독특한 아우라가 된다 할 것입니다. 특히 자연 서정에 가까운 세계를 통해 시인은 시조의 완결성을 꾀하려는 미학적 욕망을 드러내면서, 생의 형식이 가지는 아득한 너비를 형상화하고 있습니다. 가령 표제작을 볼까요? 시인은 화자가 오래 전 학교 다닐 때 "대운동장 한복판에/쌀 한 말 짊어지시고" 나타나셨던 기억을 바탕으로 시를 씁니다. 쏟아지는 싸락눈을 맞으시며 쌀 한 말 짊어지고 외치시는 아버지가 그때는 그렇게 황당하고 부끄러웠던 화자는, 이제 아버지가 무덤에 계시고 "흰 쌀밥 같은" 싸락눈 내리는 날 "쌀 한 말 짊어지시고 아버지가 서" 계시는 장면을 환각처럼 바라보고 있습니다. 영남 방언의 친화력에 기대어 이 작품은 먹먹한 그리움으로 번져갑니다. 이러한 전통적 회상의 어법을 통해 이종문 시인은 이번 시집을 자신의 가장 깊은 언어적 수원으로 삼고 있습니다. 앞으로 그의 시세계가 더욱 원융하고 보편적이고 따뜻한 회감回感의 상상력으로 나아가게 되지 않을까, 이번 시집을 읽으면서 조심스럽게 예감해보게 됩니다.

나희덕 시에 대하여

유성호: 자 그러면 마지막으로, '오늘의 시'에 뽑힌 나희덕 시편 「종이감옥」에 대해 평을 해주시지요.

홍용희: 나희덕의 「종이감옥」은 자발적 감옥의 비망록입니다. 자발적 감옥인 "종이감옥"의 형태는 사법적 감옥과는 크게 다릅니다. "언제든 문을 잠그고 나갈 수 있"으며 "안전하고 자유로워/방문객들은 감옥이라는 걸 알아차리지" 못하는 구조입니다. 그러나 규율적 권력에 의해 반복적으로 통제, 조절, 권면, 금지당하면서 '길들여진 몸과 정신'이 되어가는 양상은 다르지 않습니다. 오히려 사법적 감옥보다 자발적 감옥이 더욱 미시적이고 집요하고 견고해 보입니다. "나를 유폐한 사실도 잊은 채" "종이 부스러기나 삼키며 살"고 있는 형국이니까요. "이 책에서 저 책으로 이 의자에서 저 의자로 옮겨다니"는 미세한 운동이나 자세까지도 "종이감옥"의 권력에 길들여진 결과이겠지요. 시적 화자는 이 "종이감옥"에서 "제 발로 걸어 나가기는 어려울 것 같다"고 스스로 느끼고 있습니다. "종이에 박힌 활자"가 되는 운명이기 때문이지요. 그러나 설령 그가 "종이벽" 바깥으로 나간다고 해도 그곳은 "종이감옥" 아닐까요? 그의 사고, 태도, 표정, 말씨 등이 모두 "종이감옥"의 규율이 만들어낸 정체성이고 자화상이기 때문이지

요. 새삼 이 건조하고 치밀한 시편 역시 "종이감옥"에 길들여진 길들인 말이고 음색이란 생각이 듭니다. 그리고 이렇게 말하는 저 역시 '종이감옥'의 죄수라는 생각을 하게 됩니다. 흥미롭고도 고통스럽고 어둔하면서도 날카로운 시편입니다.

나민애: 「종이감옥」을 짧게 말한다면 시인에 대한 시라고 할 수 있습니다. 나희덕 시인을 몰라도 이 시를 보면 그의 실루엣이 보이는 듯합니다. 나아가, 보편적으로 시인이 어떤 존재인지 잘 몰라도 이 시를 보면 조금이나마 짐작할 수 있어요. 우선 이 시에는 시인의 일과와 고뇌와 공간이 보입니다. 더 자세히 읽으면 오래된 책 냄새와 책장 사이의 먼지 냄새 등이 맡아지기도 합니다. 원고지, 책, 연필, 문자, 언어 속의 삶을 사는 것이 바로 문학하는 이의 숙명이자 본질이지요. 그 점에서 이 시에 공감하고, 공감할 수 있는 문학인들이 많지 않을까 생각됩니다. 저의 평은 여기까지지만, 나희덕 시인께서는 또 다른 의미의 '종이감옥'을 읽어달라고 하셨습니다. 그 내용은 나희덕 시인과의 인터뷰에서 확인하실 수 있습니다.

유성호: 감사합니다. 오랜 시간, 두 분 모두 정말 수고하셨습니다.

나희덕 시인 인터뷰

시는 보이지 않는 것을 보이게 하고
들리지 않는 것을 들리게 하는 것

· 인터뷰 _ 나민애(문학평론가)
· 사 진 _ 박영민(쿨투라 객원기자)
· 일시 및 장소 _ 2017년 2월 18일 도서출판 작가(쿨투라 북카페)

개인적이며 사회적인, 두 종류의 감옥

나민애: 선생님, 안녕하세요. 이번에 「종이감옥」이 〈오늘의 시〉로 선정되었습니다. 소감 한 말씀 부탁드립니다.

나희덕: 동료 작가들이 제 시를 많이 추천해 주셨다니 어떤 문학상보다 더 기쁘고 고맙습니다. 젊고 새로운 감각을 지닌 시인

들의 시를 읽으며 스스로 한계나 자괴감을 느낄 때가 많았는데요. 선정 소식을 들으면서 아직은 내 언어가 다른 세대에게도 공감을 줄 여지가 있구나 안도의 한숨을 쉬었어요.

나민애: 〈종이감옥〉의 탄생 노트를 좀 듣고 싶습니다. 어떻게 태어난 작품인가요.

나희덕: 어느 날 연구실에 밤늦게 앉아 있는데, 불현듯 '아, 이곳이 바로 나의 감옥이구나. 그리고 머지 않아 이곳이 나의 무덤이 되겠구나'라는 생각이 들더군요. 순간, 글을 읽고 쓰면서 이어져 온 하나의 삶이 조감되는 것 같았어요. 다른 분들이 이 작품에 공감하셨다면 아마도 글 쓰는 이로서 비슷한 자발적 유폐를 경험하기 때문일 것입니다. 일종의 동업자의식이라고 할까요.

나민애: 선생님의 '자발적 유폐'라는 표현이 인상 깊습니다. 그리고 유폐 안에서 이루어지는 창작자의 고독과 고통도 연상됩니다.

나희덕: 사실 누구도 저를 그 방에 가두지 않았습니다. 처음 연구실이 생겼을 때에는 책을 한자리에 모아두고 마음껏 읽고 쓸 수 있는 공간이 생긴 것만으로도 너무나 좋았어요. 제 연구실은 좁아서 창을 제외한 모든 벽면이 천장까지 책으로 꽉 차 있거든요. 그 방에서 17년을 지내다보니까 점점 책이 차지하는 자리는 넓어지고 내 자리는 작아졌지요. 그 종이더미 사이로 기어다니

는 책벌레와 내가 뭐가 다를까 하는 생각이 들었어요. 삶이 점점 생명의 물기를 잃은 채 시들어가고 퇴색해가는 느낌, 더 이상 싹을 틔울 수도 꽃을 피울 수도 없으리라는 예감이 밀려들었어요.

그리고 어떤 시인이 제 시에 대해 '실내적인 정직'이라는 표현을 쓴 적이 있는데, 그 말의 의미를 실감하겠더군요. 제 시는 뜨거운 광장의 언어도, 드넓은 광야의 언어도 아니었어요. 실존적인 경험과 내면에 귀를 기울이면서 정직하게 살고 성실하게 쓰려고 노력했지만, 결국 그 방 밖으로 한 걸음도 걸어나가지 못한 게 아닌가 싶어요. 겨울 내내 광화문 텐트촌에서 보낸 송경동 시인은 인터뷰에서 어떤 시를 쓰고 싶으냐는 질문에 "살아 있는 시를 쓰고 싶다. 죽은 글자가 아니라 그 시를 읽는 순간부터 다시 사람에게 말을 걸 수 있는 시."라고 대답했습니다. 그런 시를 저 역시 갈망하지만, 정말 살아 있는 시를 쓸 만한 여건도 자격

도 제겐 없다는 고백 같은 것이지요.

그런데 자발적이든 타율적이든 이런 갇혀 있음의 상태는 저뿐 아니라 대부분의 현대 시인들이 처한 일상적 조건이 아닐까 싶어요. 우리의 일상을 이루는 조건들이 그대로 죽음의 조건이 되는 상황도 피할 수가 없고요. 2015년 네팔에 지진이 났을 때 사람들이 깃들어 살던 벽돌집이 순식간에 무너지니 그대로 벽돌무덤이 되는 장면을 본 적 있어요. 이처럼 삶과 죽음이라고 하는 것이 종잇장 한 장 차이거든요. 나를 보호하던 집이 내려앉으면 그대로 무덤이 되죠. 우리를 보호하던 체제나 국가가 가장 억압적인 감옥이 될 수 있고요. 최근엔 블랙리스트를 비롯해 보이지 않는 규율권력에 의해 다양한 감옥이 우리의 의식과 상상력을 옥죄고 있어요. 그런 답답함이 이 시를 쓰게 했어요.

나민애: 감옥을 두 가지로 말씀해 주셨는데 두 감옥 모두 작품의 공감대를 넓혀주는 원인 같습니다. 요즘 답답함을 느끼는 사람들이 얼마나 많습니까. 그런데 이 답답함이 바로 이 시에서 말하는 감옥 때문이잖아요.

감옥이자 연구실인 그 공간은 실제로 어떤가요. 저는 이 시를 보면서 선생님 연구실을 머릿속에 그려볼 수 있었어요. 어쩐지

형광등을 갈아야 할 것 같은데요.

나희덕: 시에 나오는 모습 그대로예요. 낡은 건물인데다 전기 시설도 노후해서 형광등이 자주 깜박거리고 늘 침침해요. 산을 깎아서 만든 건물 뒤편이라 창 밖으로는 절벽밖에 안 보이고, 하루에 30분 정도밖에는 볕이 들지 않지요. 종일 해가 들지 않는 그 방에 서 한 생애가 가겠구나 생각하면 좀 우울해져요. 그러나 〈풍장의 습관〉〈옆구리의 절벽〉〈조롱의 문제〉 등 그 방을 소재로 시를 여러 편 썼으니, 한편으론 감사해야죠.

삶을 관조하고 관통하는 색채

나민애: 마치 감옥의 수기를 듣는 느낌입니다. 환경이 시를 만들었다고나 할까요. 환경이야기가 나왔으니 과거의 환경으로 돌아가 볼까요. 우리가 인터뷰하는 아현동이 선생님께는 친숙한 곳이죠?

나희덕: 네. 여기 오면서 중앙여고를 지나왔는데, 아주 오래 전 중앙여고에서 1년 동안 임시교사로 근무한 적이 있어요. 저에겐

가장 힘든 시기였는데, 〈귀뚜라미〉라는 시를 쓴 것이 바로 아현역 지하도를 올라오면서 들은 귀뚜라미 소리 때문이었지요. 지하도 밖은 매미 소리가 한창이었지만 지하도 콘크리트 틈에서 귀뚜라미 울음소리가 희미하게 들려왔어요. 그렇게 너무 일찍 오거나 너무 늦게 온 존재들과 공명하는 게 시인들이잖아요. 오랜만에 아현동 언덕길을 올라오면서 그 여름날이 떠올랐어요.

나민애: 그때도 지금도 학생들을 가르치고 계시죠. 지금은 개강을 앞두어 대학의 선생님들이 가장 바쁠 시기입니다. 광주에서 가르치시면서 특히 기억에 남는 제자가 있나요?

나희덕: 물론 시에 모든 힘을 집중해서 등단도 하고 활발하게 작품을 쓰는 제자들이 제일 고맙고 미덥지요. 그런데 문학을 가르치는 선생으로 살면서 작가를 몇 명 배출하고 그런 것보다는 세상의 작은 기미에도 유난히 뒤척이는 민감한 영혼들과 만나 삶의 경험을 긴밀하게 나누는 일이 더 소중해요. 오래 방황하고 힘들었지만 그럼에도 불구하고 나는 글을 쓰는 사람일 수밖에 없겠다, 그런 자리로 번번이 돌아오는 제자들에게 특히 마음이 많이 가요.

나민애: 지식 전달자의 수준을 넘어 있는 선생님이 되셔야 하는 거군요. 선생님 중에서도 문예창작을 가르치는 일은 상당히 힘든 일로 생각됩니다. 삶 자체에 접근해야 하는 일이니까요. 공적으로나 사적으로나 시의 한복판에 계속 머무르고 계신 거네요.

다음 질문은 선생님의 독자로서 드리는 질문입니다. 선생님의 시를 보면 발신자로서 수신자에게 보내는 시가 특히 기억에 남습니다. 모성적이고 따뜻한 작품이 대중에게 알려진 나희덕 시인이기도 하고요. 그런데 선생님의 시론집 〈보랏빛은 어디에서 오는가〉를 보면 또다른 모습이 있어요. 나아가 미당문학상을 수상하신 〈심장을 켜는 사람〉에는 열정의 뜨거움이 있거든요. 사실 다 선생님의 면모들이지만 〈종이감옥〉이 잿빛이라는 점에서 또 새로움을 느꼈습니다. 이 회색 이미지가 최근 선생님의 세계에 가까운 건가요?

나희덕: 그러고 보니 잿빛인 것 같네요. 오늘 입은 옷도 흑백 톤이고요.

나민애: 저는 선생님의 모든 색을 좋아합니다.

나희덕: 지난 번 시집 〈말들이 돌아오는 시간〉에 죽음의 시가 유난히 많았는데, 최근에 아버지의 병환과 죽음을 겪으면서 죽음에 대한 생각을 더 깊이 하게 되요. 그래서인지 이제는 희노애락의 분화도 별로 없고, 치러야 할 것들이 웬만큼은 지나가버린 것 같아요. 승려의 승복 색깔이 잿빛이잖아요. 그건 삶과 죽음, 기쁨과 슬픔, 이 모든 것들을 다 연소시키고 남은 재의 색에 가깝지요. 제 나이에 이렇게 이야기하면 외람되지만 저한테는 생명의 다양한 색채들이 이미 지나가버린 일처럼 여겨지고 흑백만 남은 느낌이 들어요.

나민애: 회색 느낌을 여쭤봤지만, '재가 다시 기름이 됩니다'는 한용운의 시처럼 선생님이 재의 시간을 걸으시다가 다른 색채를 걸으실 수도 있잖아요. 저는 지금 재의 시를 만났지만 미래의 선생님의 시에서 다른 색채를 만나게 되면 아, 그 재가 다시 기름이 된 모양이다 생각할 수 있을 것 같아요.

나희덕: 만일 그런 시절이 선물처럼 다시 온다면 너무 좋겠죠.

고통받는 자로서 고통받는 사람들 곁에

나민애: 어제 안산에서 열리는 '금요일엔 함께 하렴' 기억시 낭독회에 다녀오셨다고 들었는데요. 그 모임에 대해서 더 여쭤보고 싶어요.

나희덕: 안산 기억저장소에서 매주 금요일에 열리는 '금요일엔 함께 하렴'은 교육문예창작회 선생님들이 꾸려온 기억시 낭독모임입니다. 저는 초대시인으로 한 번 참여했을 뿐이지만, 단원고등학교 희생자 한명 한명에 대한 시를 쓰고 매주 행사를 지속해오는 선생님들의 정성과 연대감이 정말 존경스러워요. 저도 세월호 관련해 쓴 시들을 읽고 유족들과 만나는 시간을 가졌는데요. 제 시보다도 아이들에 대한 시를 엄마들이 직접 읽으며 다들 얼마나 울었는지 몰라요.

나민애: 시인으로서의 사회적인 발언과 행보를 꾸준히 이어나가고 계시죠.

나희덕: 전면에서 싸우는 작가들에 비하면 미미한 힘을 보태는 정도지요. 1990년대까지는 작가의 사회적 참여나 발언이 대체로 집단적이고 중앙집권적인 방식으로 이루어졌지만, 2000년대 들어 용산참사와 강정마을, 세월호 등과 연대해 젊은 작가들이 보여주는 움직임은 다양성이 존중되고 개인적 실존을 바탕으로 하고 있는 듯해요. 서로의 차이를 존중하면서 진지하게 토론하고 개별자로서 발언하는 모습이 인상적으로 여겨졌어요. 여러 매체들에서 '문학과 정치'에 대한 특집과 토론이 활발하게 이루어졌고, 저 역시 시인으로서 현실의 고통과 부조리에 대해 어떻게 말할 수 있을까 고민을 합니다.

랑시에르는 '정치'를 "보이지 않는 것을 보이게 하고, 들리지 않는 것을 들리게 하는 것"이라고 정의했는데, '정치'라는 말 대신 '시'를 넣어도 그대로 들어맞는 것 같아요. 시야말로 오랫동안 보이지 않는 것을 보이게 하고 들리지 않는 소리들을 듣게 하는 역할을 해왔지요. 눈에 보이는 현실을 증언하는 것을 넘어서 '몫 없는 자'와 '목소리 없는 자'들을 대신해 말해야 한다는 점에서 시와 정치의 역할은 크게 다르지 않다고 봐요. 불행하게도 시와 정치를 따로 떼어놓고 생각할 수 없는 시대에 우리가 살고 있지요. 고통 받는 사람들에게 또 다른 고통 받는 자로서 다가가 옆에서 기척을 내고 목소리라도 들려주는 것, 그것이 최소한의 도리다, 이렇게 생각해요.

나민애: 블랙리스트에 올라가셨을 거 같아요.

나희덕: 네. 그런 명단이 있다는 것 자체가 블랙코미디죠.

나민애: 방금 랑시에르를 인용해 주셨는데 철학 공부도 많이 하시고 그림도 많이 좋아하시는 것 같아요. 문학 외적인 영역에 대한 관심은 어떠세요.

나희덕: 독서를 하면서 시적인 방식으로 철학책이나 과학책을 전유하죠. 다른 장르의 책을 읽으면서 시적인 착상을 얻을 때가 많아요. 그림을 보거나 음악을 듣는 것도 시적인 상태로 진입하는 데 도움이 되지요. 연구년 동안에는 그림을 배우러 다니기도 했는데, 요즘은 짬이 나지 않아 통 그리지 못했어요. 그림을 그리고 있으면 생각이 적어지고 붓끝의 움직임만 남는 게 좋아요.

나민애: 선생님이 직접 그린 그림과 시를 함께 엮어 내는 작업

도 기대되는데 계획은 없으세요?

나희덕: 〈그녀에게〉라는 시선집을 쉰 살이 되던 해에 펴냈는데요. 50년 동안 여성으로서 살아온 시간을 정리해보며 저와 비슷한 내면 풍경을 지닌 여성 화가들의 그림을 나란히 넣어 보았어요. 그러면서 앞으로 한 20년쯤 열심히 그림을 그리면 제 시와 그림으로 시화집 한 권은 낼 수 있지 않을까 생각했죠.

나민애: 가장 좋아하는 화가는 누구인가요?

나희덕: 시적인 추상을 좋아해요. 마크 로스코, 파울 클레, 사이 톰블리, 안토니 타피에스 등 고통을 직접적으로 표출하지 않고 추상화된 형태나 색채로 표현하는 작가들. 얼핏 단순하고 정적인 듯 보이지만 내부적으로 굉장히 격렬한 고통을 품고 있는 그림들이죠.

나민애: 정적이지만 그 안에 고통이 들어 있다는 말씀이 그림이 아니라 마치 선생님의 시를 이야기하는 것 같은데요. 선생님의 시와 그림의 만남은 너무나 적절해 보입니다. 시화집을 기대하지만 20년 이후라고 말씀하셨으니, 보다 근거리의 계획을 여쭤봐야겠네요. 올해 준비하시는 책이 있으신가요?

나희덕: 글과 사진을 함께 묶은 산문집을 내려고 마지막 교정을 보고 있어요.

나민애: 예전에도 사진에세이를 출간한 적이 있죠. 사진을 다 직접 찍으신 거예요?

나희덕: 네. 산문집은 봄에 달 출판사에서 나올 거예요. 그리고 올해 안에 새 시집을 묶으려고 발표한 시들을 살펴보고 있는데, 개인적이고 내면적인 시가 줄어들고, 정치적이고 사회적인 주제를 다룬 시들이 많아졌어요. 박근혜 정권이 들어선 지난 몇 년이 누구에게나 시대적인 무거움으로부터 자유로울 수 없는 시기였구나 실감하게 됩니다.

앞선 일곱 권의 시집에서 개인의 이야기는 할 만큼 하지 않았나 생각해요. '나'라는 주어를 내려놓고 중성적인 화자로서 이야기할 수 있게 된 것이 변화라고 할 수 있을텐데요. 다소 건조하고 딱딱해진 느낌도 있지만 서정적 물기를 걷어냄으로써 갖게 되는 새로운 얼굴이 있지 않을까 싶어요. 첫 시집 〈뿌리에게〉의 다정한 생명의 세계로부터 제 삶이 조금씩 멀어져왔고, '나'라는 존재를 계속 지우고 비워내는 과정을 통해 또다른 시의 자리를 만날 수 있으리라 생각합니다.

나민애: 선생님께서 부드럽게 말씀하셨지만 계속 변화를 추구하신다는 점을 알 수 있습니다. 그 과정에서 올해 만날 수 있는 책이 벌써 두 권이네요. 신간이 나오면 오늘 인터뷰와 〈종이감옥〉을 생각하면서 더 가깝게 읽을 수 있겠습니다.

선생님께서 멀리까지 와주셔서 긴 시간 좋은 말씀 해주셨습니다. 독자들을 대표해서 감사말씀 드립니다. 저는 인터뷰 끝나고 집에 가서 시 〈귀뚜라미〉를 다시 읽어보겠습니다.

　나희덕: 돌아가는 길에 자세히 찾아봐야겠어요. 귀뚜라미를 만났던 그 자리가 아직 남아 있는지.

나민애 1979년 충남 공주 출생. 서울대학교 국어국문학과와 동 대학원 졸업. 2007년 《문학사상》 평론 활동 당선. 연구서 『1930년대 조선적 이미지즘의 시대』(2016) 및 평론집 『제망아가의 사도들』(2017)이 있음. 현재 서울대학교 기초교육원 강의교수. hon77@hanmail.net

【 '작가' 가 선정한 오늘의 시 】 시리즈

2002 '작가' 가 선정한 **오늘의 시&시조** _고두현 「귀로」 外
  기획위원 / 이우걸 장경렬 이경철 유성호 홍용희 김춘식   신국판 / 값 7,000원

2003 '작가' 가 선정한 **오늘의 시** _신경림 「낙타」 外
  기획위원 / 이지엽 맹문재 오형엽   신국판 / 값 8,000원

2004 '작가' 가 선정한 **오늘의 시** _문태준 「맨발」 外
  기획위원 / 문혜원 맹문재 유성호   신국판 / 값 8,000원

2005 '작가' 가 선정한 **오늘의 시** _문태준 「가재미」 外
  기획위원 / 문혜원 맹문재 유성호   신국판 / 값 8,000원

2006 '작가' 가 선정한 **오늘의 시** _송찬호 「만년필」 外
  기획위원 / 유성호 박수연 김수이   신국판 / 값 9,500원

2007 '작가' 가 선정한 **오늘의 시** _김신용 「도장골 시편-넝쿨의 힘」 外
  기획위원 / 유성호 박수연 김수이   신국판 / 312쪽 / 값 10,000원

2008 '작가' 가 선정한 **오늘의 시** _김경주 「무릎의 문양」 外
  기획위원 / 이형권 유성호 오형엽   신국판 / 312쪽 / 값 10,000원

2009 '작가' 가 선정한 **오늘의 시** _송재학 「늪의 內簡體를 얻다」 外
  기획위원 / 이형권 유성호 오형엽   신국판 / 328쪽 / 값 10,000원

2010 '작가' 가 선정한 **오늘의 시** _진은영 「오래된 이야기」 外
  기획위원 / 유성호 홍용희 이경수   신국판 / 296쪽 / 값 10,000원

2011 '작가'가 선정한 오늘의 시 _심보선 「'나'라는 말」 外
　　　　　　　　　　　　　　기획위원 / 유성호 홍용희 함돈균　신국판 / 288쪽 / 값 12,000원

2012 '작가'가 선정한 오늘의 시 _안도현 「일기」 外
　　　　　　　　　　　　　　기획위원 / 유성호 홍용희 함돈균　신국판 / 304쪽 / 값 12,000원

2013 '작가'가 선정한 오늘의 시 _공광규 「담장을 허물다」 外
　　　　　　　　　　　　　　기획위원 / 유성호 홍용희 함돈균　신국판 / 256쪽 / 값 12,000원

2014 '작가'가 선정한 오늘의 시 _이원 「애플 스토어」 外
　　　　　　　　　　　　　　기획위원 / 유성호 홍용희 함돈균　신국판 / 272쪽 / 값 12,000원

2015 '작가'가 선정한 오늘의 시 _유홍준 「유골」 外
　　　　　　　　　　　　　　기획위원 / 유성호 홍용희 함돈균　신국판 / 245쪽 / 값 14,000원

2016 '작가'가 선정한 오늘의 시 _박형준 「칠백만원」 外
　　　　　　　　　　　　　　기획위원 / 유성호 홍용희 함돈균　신국판 / 264쪽 / 값 14,000원

2017 '작가'가 선정한 오늘의 시 _나희덕 「종이감옥」 外
　　　　　　　　　　　　　　기획위원 / 유성호 홍용희 나민애　신국판 / 248쪽 / 값 14,000원

【'작가'가 선정한 오늘의 영화】시리즈

2006 '작가'가 선정한 **오늘의 영화** _2006 이준익 감독 〈왕의 남자〉 外
기획위원 / 강유정 김서영 강태규   신국판 / 값 9,500원

2007 '작가'가 선정한 **오늘의 영화** _2007 김태용 감독 〈가족의 탄생〉 外
기획위원 / 강유정 이상용 황진미   신국판 / 값 9,500원

2008 '작가'가 선정한 **오늘의 영화** _2008 이창동 감독 〈밀양〉 外
기획위원 / 유지나 강태규 설규주   신국판 / 값 10,000원

2009 '작가'가 선정한 **오늘의 영화** _2009 장훈 감독 〈영화는 영화다〉 外
기획위원 / 유지나 전찬일 강태규   신국판 / 값 10,000원

2010 '작가'가 선정한 **오늘의 영화** _2010 봉준호 감독 〈마더〉 外
기획위원 / 유지나 전찬일 강태규   신국판 / 값 10,000원

2011 '작가'가 선정한 **오늘의 영화** _2011 이창동 감독 〈시〉 外
기획위원 / 유지나 전찬일 강태규   신국판 / 값 12,000원

2012 '작가'가 선정한 **오늘의 영화** _2012 이한 감독 〈완득이〉 外
기획위원 / 유지나 전찬일 강태규   신국판 / 값 12,000원

2013 '작가'가 선정한 **오늘의 영화** _ 2013 윤종빈 감독
〈범죄와의 전쟁 : 나쁜 놈들 전성시대〉 外
기획위원 / 유지나 전찬일 강유정   신국판 / 값 12,000원

2014 '작가'가 선정한 **오늘의 영화** 2014 봉준호 감독 〈설국열차〉 外
　　　　　　　　　　　　　기획위원 / 유지나 전찬일 강유정　신국판 / 값 12,000원

2015 '작가'가 선정한 **오늘의 영화** 2015 김한민 감독 〈명량〉 外
　　　　　　　　　　　　　기획위원 / 전찬일 홍용희 이재복 강태규 손정순　신국판 / 값 14,000원

2016 '작가'가 선정한 **오늘의 영화** 2016 류승완 감독 〈베테랑〉 外
　　　　　　　　　　　　　기획위원 / 유지나 전찬일 이재복 강태규 손정순　신국판 / 값 14,000원

2017 '작가'가 선정한 **오늘의 영화** 2017 이준익 감독 〈동주〉 外
　　　　　　　　　　　　　기획위원 / 유지나 전찬일 손정순　신국판 / 값 14,000원

이 도서의 국립중앙도서관 출판시도서목록(CIP)은 e-CIP 홈페이지
(http://www.nl.go.kr/ecip)에서 이용하실 수 있습니다.
(CIP 제어번호 : CIP2017006381)

2017 '작가'가 선정한 오늘의 시

2017년 3월 13일 초판 1쇄 인쇄
2017년 3월 17일 초판 1쇄 발행

지은이 | 나희덕 외
펴낸이 | 孫貞順
펴낸곳 | 도서출판 작가
　　　　서울 서대문구 북아현로89 버금랑빌딩 2층(우 03761)
　　　　전화 | 365-8111~2 팩스 | 365-8110
　　　　이메일 | morebook@morebook.co.kr
　　　　홈페이지 | www.morebook.co.kr
　　　　등록번호 | 제13-630호(2000. 2. 9.)

기획위원 | 유성호 홍용희 나민애
편집 | 김이하 손희 정여진
디자인 | 오경은
영업·관리 | 이용승

ISBN 978-89-94815-66-4 (03810)

* 잘못된 책은 구입하신 서점에서 바꾸어 드립니다.
* 지은이와 협의하에 인지를 붙이지 않습니다.

값 14,000원